Energievampire unsichtbare Feinde der Seele

Wie Du deine Lebensenergie zurücker-oberst

Von derselben Autorin oder demselben Autor

KEINE PANIK! Der ultimative Survival Guide durch das Midlife Universum

KEINE PANIK ! Der ultimative Hitzewelle Surf-ival Guide durch das Menopause Universum

KEINE PANIK ! Der ultimative Survival Guide duchs Chaos Universum der Pubertät

STUPID by the Feed-die gefährliche Macht der sozialen Medien

Psychotricks-Manipulation in Beziehungen und im Alltag erkennen und sich schützen

Die Kunst sich selbst zu leben-über den Mut den eigenen Weg zu gehen

Mara von Eichen

Energievampire unsicht-
bare Feinde der Seele

Wie Du deine Lebensenergie zurücker-
oberst

Mara von Eichen

Mara von Eichen

Mara von Eichen, in Berlin geboren, lebt heute mit ihrer Familie in Südungarn. Schon in ihrer Kindheit faszinierte sie das Übersinnliche, und sie entwickelte früh ein starkes Gespür für das, was andere nicht wahrnehmen konnten. Diese Erfahrungen beeinflussten ihren kreativen Werdegang und fanden ihren Ausdruck in einer Vielzahl von Arbeiten. Mara von Eichen beschreibt sich selbst als hochsensibel, eine Eigenschaft, die ihre Wahrnehmung der Welt schärft und sie zu tiefen, oft mystischen Erkenntnissen führt. Sie schreibt Sachbücher, die sich mit Themen rund um Natur, Spiritualität und das menschliche Bewusstsein beschäftigen, und kombiniert diese oft mit kunstvollen, ergreifenden Darstellungen ihrer Beobachtungen und Gedanken. Ihre Werke sind nicht nur intellektuell anregend, sondern laden auch dazu ein, die Welt aus einer anderen, empfindsameren Perspektive zu betrachten. Die Natur spielt eine zentrale Rolle in ihrem Leben und Schaffen. Inmitten der unberührten Landschaft Südungarns findet Mara von Eichen sowohl Ruhe als auch Inspiration, was sich in der Authentizität und Tiefe ihrer Werke widerspiegelt. Ihr kreatives Schaffen umfasst neben dem Schreiben auch vielfältige künstlerische Ausdrucksformen, die ihre innere Welt auf einzigartige Weise zum Leben erwecken. Mit einer klaren Verbindung zur spirituellen Welt und einer tiefen Liebe zur Natur entfaltet Mara von Eichen in ihren Büchern eine faszinierende Reise zwischen dem Alltäglichen und dem Übersinnlichen, die den Leser immer wieder in Staunen versetzt.

„Manche Menschen geben dir Energie, andere rauben sie – erkenne den Unterschied."

Inhaltsverzeichnis

Was sind Energievampire und wie erkennt man sie?.15

Typen von Energievampiren 26

Der Opferrolle-Spieler...27

Der Narzisst 33

Der Dauer Beschwerer..40

Der Kontrollfreak 46

Der Drainer – Der energetische Vampir....................55

Der digitale Parasit – Der Influencer........................67

Der Spiegel-Vampir..77

Der Schwächling...84

Der Unsichtbare 91

Wie du Energievampire erkennst 99

Psychologische Mechanismen hinter Energievampiren105

Wie du dich vor Energievampiren schützt 119

Fiktive Szenarien und praktische Übungen...............129

Fazit und Ausblick...141

Abschließende Gedanken 151

Vorwort

Vorwort

Hast du dich jemals nach einem Gespräch ausgelaugt gefühlt, ohne zu wissen, warum? Gibt es Menschen in deinem Leben, die dich erschöpfen, obwohl sie scheinbar nichts „Falsches" tun? Dann bist du möglicherweise einem Energievampir begegnet.

Energievampire sind keine mythischen Wesen, sondern reale Personen in unserem Umfeld – in der Familie, im Freundeskreis oder am Arbeitsplatz. Sie rauben uns Energie, manipulieren unser Denken und hinterlassen uns ausgebrannt. Das Heimtückische: Sie sind oft schwer zu erkennen, denn sie können charmant, hilfsbereit oder sogar liebevoll erscheinen. Doch hinter dieser Fassade verbirgt sich ein unsichtbarer Feind der Seele.

Dieses Buch hilft dir, Energievampire zu enttarnen, ihre Taktiken zu durchschauen und dich vor ihnen zu schützen. Du wirst lernen, deine eigene Lebensenergie zurückzuerobern, klare Grenzen zu setzen und dich von schädlichen Dynamiken zu befreien.

Neben fundierten Erkenntnissen erwarten dich praktische Tipps, Schutzstrategien und fiktive Szenarien, die typische Muster aufzeigen. Denn Wissen ist die stärkste Waffe gegen jene, die dich schwächen wollen.

Mach dich bereit, deine Energie zurückzuholen – und dein Leben wieder in die eigenen Hände zu nehmen.

Mara von Eichen

Einleitung

Einleitung

Nicht jeder Mensch, der dir begegnet, meint es gut mit dir. Manche hinterlassen ein Gefühl der Erschöpfung, Zweifel oder gar Schuld – ohne ersichtlichen Grund. Sie saugen deine Lebensfreude auf, entwurzeln dich emotional und hinterlassen nur Leere. Diese Menschen nennt man Energievampire.

Vielleicht hast du bereits erlebt, wie jemand mit unterschwelliger Manipulation, gezieltem Drama oder ständiger Negativität deine Energie schleichend raubt. Vielleicht kennst du das Gefühl, nach einem Treffen völlig ausgelaugt zu sein, obwohl es keinen offenen Konflikt gab. Solche Begegnungen sind kein Zufall – sie sind das Werk von Menschen, die sich von deiner Energie nähren, bewusst oder unbewusst.

Energievampire gibt es in vielen Formen: den ewigen Opferdarsteller, den Meister der Schuldgefühle, den passiv-aggressiven Freund oder das narzisstische Familienmitglied. Sie alle haben eines gemeinsam – sie nehmen, aber geben nichts zurück. Ihr Einfluss kann schleichend sein, doch ihre Wirkung ist oft verheerend: emotionale Erschöpfung, innere Unruhe, das Gefühl, nie genug zu sein.

Dieses Buch zeigt dir, wie du Energievampire erkennst, dich vor ihnen schützt und deine Kraft zurückgewinnst. Es gibt dir Werkzeuge an die Hand, um dich aus manipulativen Mustern zu lösen, klare Grenzen zu setzen und dich vor emotionalem Raubbau zu bewahren.

Du wirst lernen, wie du dich von unsichtbaren Fesseln befreist und wieder zu deiner vollen Stärke findest. Denn du hast das Recht auf ein Leben, das dich nährt – nicht eines, das dich auszehrt.

Mara von Eichen

Was sind Energievampire und wie erkennt man sie?

Kapitel 1. Was sind Energievampire und wie erkennt man sie?

Hast du je das Gefühl gehabt, nach einem Gespräch völlig ausgelaugt zu sein, als hätte dir jemand deine Energie entzogen?

Vielleicht war das kein Zufall – sondern das Werk eines Energievampirs.

Die Vorstellung von Energievampiren klingt vielleicht zunächst wie aus einem Science-Fiction-Film, doch sie sind real und sie existieren in unserem Alltag, oft, ohne dass wir es merken. Wir alle haben diese Menschen schon einmal getroffen: diejenigen, die uns mit ihren endlosen Sorgen, ihrem Drama oder ihrer negativen Energie so sehr in Anspruch nehmen, dass wir uns nach einer Begegnung leer und erschöpft fühlen. Sie sind keine Wesen aus der Dunkelheit, sondern ganz normale Menschen, die in unserer Umgebung leben.

Ich erinnere mich an eine Begegnung aus meiner Jugend, als ich meine erste Erfahrung mit einem solchen Energievampir machte. Eine Freundin, die ich damals sehr mochte, war stets von Sorgen und Ängsten geplagt. Nach jedem Treffen fühlte ich mich immer ausgelaugt und seelisch erschöpft. Zuerst wusste ich nicht, warum. Es war, als ob sie mit jeder Erzählung von ihren Problemen ein Stück meiner eigenen Lebensenergie in Anspruch nahm. EsdauertofteineWeile, biswirverstehen, wasgenau uns da passiert – bis wir erkennen, dass nicht nur körperliche Nähe, sondern auch emotionale Nähe Energie entziehen kann. In diesem Kapitel möchte ich dir erklären, was Energievampire eigentlich sind, wie sie funktionieren und wie du erkennen kannst, wann du Opfer ihrer subtilen Energieentziehung wirst.

Was sind Energievampire?

Definition und Merkmale

Energievampire sind Menschen, die sich auf ungesunde Weise von der Energie anderer nähren. Sie sind keine mythischen Wesen, sondern reale Persönlichkeiten, die in Beziehungen, Freundschaften oder beruflichen Kontakten auftreten können. Oft wirken sie zunächst harmlos, manchmal sogar charmant oder hilfsbereit. Doch mit der Zeit spürt man, wie sie uns auslaugen.

Ein typisches Merkmal von Energievampiren ist ihre Fähigkeit, sich in den Mittelpunkt zu stellen. Sie fordern ständige Aufmerksamkeit, Mitgefühl oder Unterstützung, ohne dabei selbst etwas zurückzugeben. Sie dominieren Gespräche, lenken Diskussionen auf ihre eigenen Probleme oder schaffen Konflikte, um im Fokus zu bleiben.

Wie sie unser Leben beeinflussen

Energievampire können unsere Lebensqualität erheblich beeinträchtigen. Sie nehmen nicht nur unsere Zeit und Energie in Anspruch, sondern hinterlassen uns oft mit einem Gefühl der Erschöpfung oder Frustration.

Ein Beispiel aus meinem Leben:

Als ich Anfang 20 war, hatte ich eine Freundin, die mich immer anrief, wenn sie ein Problem hatte. Anfangs tat ich das gern, schließlich war ich froh, ihr helfen zu können. Doch irgendwann wurde mir klar, dass sie
nie fragte, wie es mir ging. Ich fühlte mich benutzt, fast wie eine emotionale Müllhalde.

17

Diese Dynamik ist typisch für Energievampire: Sie nehmen, aber sie geben selten etwas zurück.

Beispielszenario:
Stell dir vor, du kommst nach einem langen Arbeitstag nach Hause, erschöpft, aber zufrieden mit dem, was du geschafft hast. Du möchtest einfach nur abschalten, vielleicht ein Buch lesen oder Musik hören. Plötzlich klingelt das Telefon. Es ist eine Bekannte, die dich sofort mit ihren neuesten Dramen überfällt. Du hörst zu, gibst Ratschläge, aber das Gespräch zieht sich über eine Stunde hin. Als du auflegst, fühlst du dich ausgelaugt, deine eigene Erholung wurde gestohlen.

Das ist genau die Art von Situationen, in die uns Energievampire bringen.

Warum es so schwer ist, sie zu erkennen

Energievampire sind nicht immer offensichtlich. Oft tarnen sie sich hinter Freundlichkeit oder der Rolle des Opfers. Sie manipulieren uns, indem sie unser Mitgefühl ansprechen oder uns das Gefühl geben, sie bräuchten uns dringend.
Energievampire sind Menschen, die – bewusst oder unbewusst – die Lebensenergie anderer Menschen an-

zapfen, um sich selbst zu stärken. Oft geschieht dies subtil und unbemerkt. Sie suchen Aufmerksamkeit, Zuwendung und emotionale Unterstützung, ohne selbst etwas zur Beziehung beizutragen. Das Ergebnis: Du fühlst dich erschöpft, gereizt oder leer.

Energievampire können in jedem Lebensbereich auftreten: im Freundeskreis, in der Familie oder am Arbeitsplatz. Manchmal sind sie offensichtlich, manchmal tarnen sie sich gut. Doch wie kannst du sie erkennen?

Merkmale von Energievampiren:

• Sie verursachen ständig Drama und lenken die Aufmerksamkeit auf ihre Probleme.
• Sie haben eine manipulative Art und schaffen es, dich schuldig oder verantwortlich zu fühlen.
• Du fühlst dich nach einem Treffen mit ihnen erschöpft oder negativ gestimmt.
• Sie dominieren Gespräche, ohne auf deine Bedürfnisse einzugehen.
• Es scheint, als würden sie nur nehmen, aber nie etwas zurückgeben.

Kategorien von Energievampiren:

Der Opferrolle-Spieler:

„Immer passiert mir das, nie verstehst du mich."

Dieser Typ lebt davon, Mitleid zu erzeugen und andere zur Rettung zu drängen. Sie stellen sich als ständig benachteiligte Person dar und erwarten, dass andere ihre Probleme lösen. Sie nutzen emotionale Manipulation, um durchgehend Aufmerksamkeit und Unterstützung zu bekommen. Wenn du in ihrer Nähe bist, fühlst du dich oft, als würdest du für ihre Missstände verantwortlich gemacht.

Der Narzisst

„Alles dreht sich um mich."

Narzisstische Menschen verlangen Bewunderung und Anerkennung und setzen alles daran, im Mittelpunkt der Aufmerksamkeit zu stehen. Sie können niemals zugeben, dass sie jemanden belasten, da sie das Gefühl haben, besonders und unersetzlich zu sein. Ihr Bedürfnis nach Bestätigung raubt anderen die Energie, weil sie nie Rücksicht auf die Bedürfnisse der anderen nehmen.

Der Dauer-Beschwerer

„Die Welt ist so ungerecht."

Dieser Typ ist ständig negativ und sieht in allem einen Grund zu klagen. Sie kritisieren alles um sich herum und können sich nie mit den positiven Aspekten des Lebens anfreunden. Ihre endlosen Beschwerden ziehen die Energie aus der Umgebung, da sie oft keine Lösung für ihre Probleme suchen, sondern lediglich Bestätigung für ihre negative Weltsicht erwarten.

Der Kontrollfreak

„Du musst alles nach meinen Regeln machen."

Kontrollfreaks versuchen, andere Menschen zu dominieren, indem sie alle Aspekte von deren Leben steuern möchten. Sie lassen keinen Raum für Individualität oder Eigenständigkeit, sondern erwarten, dass alle nach ihren Vorstellungen handeln. Ihre ständige Überwachung und Kontrolle kann extrem anstrengend sein, da sie wenig Vertrauen in die Entscheidungen anderer haben.

Der Drainer – der energetische Vampir

„Kannst du mir mal schnell helfen? Ich bin so fertig."

Dieser Typ ist der klassische „Energievampir". Sie saugen buchstäblich die Energie aus den Menschen um sich herum. Sie sind emotional instabil und erwarten, dassanderesieständigunterstützen, ohne selbst etwas zurückzugeben. Sie haben oft keine klaren Grenzen und können andere in ihre Dramen hineinziehen, wodurch deren Energie erschöpft wird.

Der digitale Parasit – der Influencer

„Hast du das schon gesehen? Hast du schon geliked? Kommentiere unbedingt!"

Digitale Parasiten oder Influencer leben davon, dass sie ihre Follower manipulieren und beeinflussen. Sie bringen dich dazu, Dinge zu kaufen oder Meinungen zu übernehmen, die sie selbst vertreten. Oft geht es ihnen dabei weniger um authentische Verbindungen, sondern vielmehr um die Kontrolle über die Meinung und das Verhalten anderer, um ihren eigenen Status oder ihre finanzielle Situation zu verbessern.

Der Spiegel-Vampir

„Du siehst so aus, wie ich mich fühle."

Dieser Typ ist ein Meister der Projektion. Sie spiegeln dir deine eigenen Gefühle oder Eigenschaften zurück, jedoch auf eine Weise, die dich auslaugt. Sie erkennen deine Schwächen und nutzen sie, um deine Energie zu untergraben, indem sie ständig deine Unsicherheiten ansprechen oder deine Gedanken und Gefühle verdrehen, sodass du dich selbst infrage stellst.

Der Schwächling

„Ich schaffe das nicht alleine."

Schwächlinge neigen dazu, ständig auf Hilfe angewiesen zu sein, auch bei den einfachsten Aufgaben. Sie sind emotional abhängig und nutzen andere, um ihre eigenen Unsicherheiten zu bewältigen. Anstatt sich selbst zu stärken, verschieben sie ihre Verantwortung und erwarten, dass andere ihre Lasten tragen. Dieser Typ zieht die Energie durch seine ständige Bedürftigkeit und Angst vor Selbstständigkeit.

Der Unsichtbare

„Ich sage lieber nichts."

Der Unsichtbare ist jemand, der sich völlig zurückzieht, seine eigenen Bedürfnisse oder Wünsche nie äußert und sich oft in einer passiven Haltung verharrt. Sie tun so, als ob sie keine Bedürfnisse haben, aber in Wirklichkeit nehmen sie keinen Raum ein, was dazu führt, dass andere die Verantwortung für sie übernehmen müssen. Ihre ständige Abwesenheit und das Fehlen klarer Kommunikation rauben anderen die Energie, weil sie nie wissen, was dieser Typ wirklich denkt.

Wie erkennst du einen Energievampir?

• Achte auf deine Gefühle: Fühlst du dich nach Interaktionen ausgelaugt oder schlecht? Das ist ein deutliches   Zeichen.
• Beobachte Muster: Gibt es wiederkehrende Situationen, in denen du dich ausgenutzt oder überfordert fühlst?
• Körperliche Anzeichen: Kopfschmerzen, Müdigkeit oder Unwohlsein nach einem Treffen sind Warnsignale.

Fazit

Energievampire können in jedem Bereich unseres Lebens auftauchen – in Freundschaften, Beziehugen oder im Berufsleben. Sie sind schwer zu erkennen, weil sie sich oft charmant oder hilfsbedürftig geben. Doch je besser wir die Dynamik verstehen, desto leichter fällt es uns, unsere Energie zu schützen. Der erste Schritt ist, achtsam zu sein und die Warnzeichen zu erkennen, bevor sie uns zu sehr beeinflussen.

Der erste Schritt zur Abgrenzung: Das Wichtigste ist, Bewusstsein zu schaffen. Sobald du erkennst, dass du es mit einem Energievampir zu tun hast, kannst du aktiv dagegen vorgehen. Dieses Buch wird dir zeigen, wie du deine Energie schützt und deine innere Kraft zurückgewinnst.

Typen von Energievampiren

Kapitel 2.Typen von Energievampiren

In den nächsten Kapiteln wollen wir auf die verschiedenen Typen von Energievampiren genauer eingehen

Energievampire gibt es in vielen Formen, und jeder Typ hat seine eigene, spezifische Methode, unsere Energie zu entziehen. In den nächsten Kapiteln möchten wir uns verschiedene Typen von Energievampiren anschauen, die du in deinem Alltag treffen kannst. Erkennst du sie, kannst du gezielt verhindern, dass sie dir deine Energie rauben.

Energiemuster sind unsichtbare Kräfte, die unser tägliches Leben beeinflussen können, oft ohne dass wir es merken. Die Fähigkeit, diese unsichtbaren Einflüsse zu erkennen, ist eine entscheidende Fähigkeit, um sich vor den schädlichen Auswirkungen von Energiemustern zu schützen. In diesem Kapitel zeigen wir dir, wie du diese Muster erkennen kannst und welche Anzeichen du beachten solltest.

Der Opferrolle-Spieler

Kapitel 3 . Der Opferrolle-Spieler

„Immer passiert mir das, nie verstehst du mich."

Der Opferrolle Spieler ist ein Energievampir, der in jeder Situation sich selbst als denjenigen sieht, der am meisten leidet und am härtesten mit den Umständen zu kämpfen hat. Sie haben das Bedürfnis, sich selbst als Opfer des Lebens darzustellen und suchen ständig nach Bestätigung, Mitgefühl und Aufmerksamkeit für ihr vermeintliches „Elend". Sie sind Meister im Erzeugen von Mitleid und nutzen dies, um emotionale Energie von anderen zu ziehen.

Typische Merkmale des Opferrolle-Spielers:

Wiederholung ihrer „Opfergeschichte":

Der Opferrolle-Spieler erzählt immer wieder die gleiche Geschichte über seine Missgeschicke und das „Unglück", das ihm widerfährt. Diese Erzählung wird ständig wiederholt, um das Mitleid und die Aufmerksamkeit anderer zu gewinnen. Ihre Realität dreht sich um das Gefühl der Ohnmacht und des Unglücklichseins, das sie für ihre gesamte Existenz halten.

Beispiel: Ein Freund, der regelmäßig von schwierigen Lebenssituationen spricht – sei es im Job, in Beziehungen oder gesundheitlich. Doch statt Lösun- gen zu suchen, bleibt er in seiner Opferrolle stecken und wartet darauf, dass andere ihm helfen, ohne selbst Verantwortung zu übernehmen.

Verantwortungsabgabe und Passivität: Ein zentrales Merkmal dieses Typs ist die Tendenz, Verantwortung für eigene Probleme immer an andere zu delegieren. Sie erkennen nicht an, dass sie selbst die Kontrolle über ihre Lebensumstände haben könnten. Stattdessen hoffen sie, dass andere die Lösungen finden oder die Verantwortung übernehmen.

Beispiel: Ein Freund, der in einer finanziellen Krise steckt, jedoch nie selbst Maßnahmen ergreift, um die Situation zu verbessern, sondern immer wieder um Rat bittet und darauf wartet, dass andere ihm aus der Klemme helfen.

Ständiges Bedürfnis nach Mitgefühl und Bestätigung: Der Opferrolle-Spieler lebt davon, dass andere ihm

Mitleid entgegenbringen. Sie sind Meister im Drängen auf Sympathie und bestätigen sich immer wieder, dass sie die Opfer der Umstände sind. Sie erwecken das Gefühl, dass ihr Leiden einzigartig und untragbar ist, und fordern dadurch Unterstützung, ohne je eine echte Veränderung anzustreben.

Beispiel: Eine Freundin, die immer wieder von ihren „Schicksalsschlägen" spricht, aber nie aktiv daran arbeitet, ihre Situation zu verbessern. Sie sucht immerwiederneueBestätigungfürihrevermeintlichen Nöte und gibt vor, keine Lösung zu finden.

Widerstand gegen Lösungen: Oft bitten Opferrolle-Spieler um Hilfe und Ratschläge, aber wenn diese gegeben werden, setzen sie sie nie um. Sie lehnen konstruktive Vorschläge ab und bleiben in ihrer gewohnten Opferhaltung. Veränderungen oder Lösungen werden nicht gesucht, weil die Opferrolle die bequemste Position für sie ist – sie müssen nichts verändern und können weiterhin von der Aufmerksamkeit und Unterstützung anderer profitieren.

Beispiel: Ein Bekannter bittet immer wieder um Rat, wenn es um berufliche oder persönliche Probleme geht, aber wenn konkrete Vorschläge gemacht werden, ignoriert er diese oder gibt an, dass sie nicht um-

setzbar sind. Stattdessen bleibt er im Kreis seiner Be-
schwerde gefangen.

Manipulation durch Mitleid: Der Opferrolle-Spieler manipuliert die Umgebung oft, indem er sich als hilflos und schwach darstellt, um zu erreichen, dass andere für ihn Lösungen finden oder ihn unterstützen. Sie erkennen nicht an, dass sie selbst einen Beitrag leisten könnten und ziehen es vor, in ihrer passiven Rolle zu bleiben.

Beispiel: Eine Bekannte, die bei jeder Gelegenheit von ihrer schweren Lebenslage erzählt und dabei eine Art von Hilflosigkeit ausstrahlt, die andere dazu bringt, ihr ständig zu helfen, ohne dass sie je Verantwortung für ihre Situation übernimmt.

Die Energie des Opferrolle-Spielers: Der Opferrolle-Spieler zieht seine Energie aus dem Mitleid und der Aufmerksamkeit der anderen. Ihr Ziel ist es, die emotionale Energie ihrer Mitmen- schen zu nutzen, um sich selbst zu stärken, ohne selbst aktiv eine Lösung für ihre Probleme zu suchen. Sie sind in einer Art „Opfermentalität" gefangen, in der sie sich selbst als hilflos darstellen und immer wieder versuchen, andere dazu zu bringen, ihre Last zu tragen.

Ich habe in meinem Leben mehrfach erlebt, dass Men-

schen in dieser Opferrolle zu einem echten En- ergie-verlust führen können. Zunächst, in meiner jugendlichen Naivität, versuchte ich ihnen zu helfen, ihre Perspektive zu ändern und sie zu ermutigen, Verantwortung für ihr Leben zu übernehmen. Doch je mehr ich mich in ihre Welt der Schuldzuweisungen und Beschwerden hineinziehen ließ, desto mehr verlor ich an eigener Energie und Fokus. Es ist erstaunlich, wie sehr man in die Dramen anderer hineingezogen werden kann, wenn man nicht lernt, sich abzugrenzen.

Fazit:
Der Opferrolle-Spieler ist ein typischer Energievampir, der seine Umwelt mit seinen ständigen Klagen und Mitleidserweckungen belastet. Diese Menschen verstehen es, durch passives Verhalten und das Delegieren von Verantwortung andere in ihre Opferhaltung zu ziehen. Sie geben niemals die Verantwortung für ihr eigenes Leben ab und suchen ständig nach Bestätigung und Unterstützung von außen. Doch die Lösung ihrer Probleme wird nie in Angriff genommen, da ihre Opferrolle eine bequeme Ausrede für Passivität und Unzufriedenheit bietet. Wer sich mit einem Opferrolle-Spieler umgibt, muss lernen, klare Grenzen zu setzen und sich nicht von dessen emotionaler Belastung mitreißen zu lassen. Nur so kann man verhindern, selbst in

der Rolle des „Rettenden" gefangen zu werden, ohne dass es zu einem echten Fortschritt führt.

Der Narzisst

Kapitel 4. Der Narzisst

„Alles dreht sich um mich."

Der Narzisst ist eine besonders heimtückische Art von Energievampir. Oft wird der Begriff „Narzisst" im alltäglichen Sprachgebrauch verwendet, doch die wahre Bedeutung geht viel tiefer und betrifft oft das emotionale Wohlergehen und Energielevel der Menschen, die mit Narzissten in Kontakt stehen. Narzissten nehmen nicht nur deine Energie, sondern manipulieren auch deine Wahrnehmung von dir selbst und beeinflussen deinen Selbstwert, häufig, ohne dass du es sofort bemerkst.

Der Narzisst als Energievampir:

Narzissmus ist nicht nur ein Übermaß an Selbstverliebtheit oder der Wunsch nach Bewunderung. Ein Narzisst hat tief im Inneren ein zerbrochenes Selbstbild und ist ständig auf der Suche nach Bestätigung, um das Gefühl zu bekommen, dass er oder sie wertvoll ist. Um dieses Bedürfnis zu stillen, zieht der Narzisst nicht nur

Bewunderung, sondern auch die emotionale Energie der Menschen um ihn herum.

Wie erkennst du einen Narzissten als Energievampir?

Die ständige Bestätigung: Ein Narzisst verlangt ständig nach Aufmerksamkeit und Anerkennung. Er oder sie wird deine Erfolge minimieren oder ignorieren, um sicherzustellen, dass alle Augen auf ihn oder sie gerichtet bleiben. Jede Form von Lob für andere wird abgewertet oder übersehen. Du wirst das Gefühl haben, dass du nie genug bist oder dass deine eigenen Leistungen immer im Schatten des Narzissten stehen.

Erinnerung: Ich hatte einen Freund, der immer der Mittelpunkt jeder Unterhaltung sein wollte. Egal, was wir besprachen, er hatte immer eine Geschichte oder eine Erfahrung, die „größer" oder „wichtiger" war als die der an-deren. Anfangs fand ich es noch spannend, ihm zuzuhören, aber eines Tages bemerkte ich, dass die Gespräche sich nie um mich oder die anderen drehten – immer nur um ihn. Es war, als würde er mein Leben mit seiner „Show" füllen, sodass meine eigene Energie und Freude im Gespräch verblassten.

Manipulation durch Mangel: Ein Narzisst kann dich emotional manipulieren, indem er dir das Gefühl gibt, dass du seine oder ihre Zuneigung oder Aufmerksamkeit verdienen musst. Wenn du versuchst, dich von einem Narzissten zu distanzieren oder seine manipulativen Taktiken infrage zu stellen, wird er oder sie auf subtile Weise versuchen, dich zu „bestrafen" indem sie dir ihre Nähe oder Aufmerksamkeit entziehen. Dies ist ein psychologischer Trick, der dich dazu bringt, mehr zu investieren, um die Anerkennung oder Liebe des Narzissten zu gewinnen.

Erinnerung: Ich hatte das Gefühl, dass mein früherer Freund mir oft „die kalte Schulter" zeigte, wenn ich seine Bedürfnisse nicht sofort erfüllte. Er konnte stundenlang schweigen und mich so im Unklaren lassen, was er dachte oder wollte, um dann plötzlich seine Zuneigung zu zeigen, wenn ich ihm endlich genug Aufmerksamkeit schenkte. Es war ein ständiger Kreislauf aus emotionaler Unsicherheit, und ich merkte nicht, dass dieser Zustand mich immer mehr erschöpfte.

Gaslighting: Ein Narzisst verwendet oft Gaslighting, um deine Wahrnehmung der Realität zu verzerren. Gaslighting ist eine Form der psychologischen Manipulation, bei der der Narzisst deine Gefühle, Erinnerungen oder Wahrnehmungen in Frage stellt, um dich dazu zu bringen, an deiner eigenen Wahrnehmung zu zweifeln. Das Ziel ist es, dich so zu destabilisieren, dass du dich von der Realität des Narzissten abhängig machst und ihn oder sie ständig um Bestätigung bittest.

Erinnerung: Einmal hatte ich eine Auseinandersetzung mit einem Kollegen, der ständig versuchte, meine Wahrnehmung von Ereignissen umzupolen. Wenn ich mich über etwas beschwerte, das er getan hatte, konnte er mit solch einer Überzeugung sagen: „Das hast du dir nur eingebildet" oder „Das war doch gar nicht so schlimm." Und plötzlich stand ich da, verwirrt, ob ich wirklich überreagiert hatte oder ob ich wirklich etwas falsch verstanden hatte. Erst viel später erkannte ich, dass er mich bewusst in diese Richtung gelenkt hatte, um die Verantwortung von sich selbst abzulenken.

Fehlende Empathie und Einfühlungsvermögen: Narzissten haben Schwierigkeiten, sich in die Gefühle und Bedürfnisse anderer Menschen hineinzuversetzen. Wenn du versuchst, deine eigenen Gefühle oder Sorgen zu teilen, reagiert der Narzisst oft mit einer ablehnenden Haltung oder einer minimierenden Bemerkung. Deine Gefühle zählen für den Narzissten nur insoweit, als sie sein eigenes Bedürfnis nach Bestätigung oder Kontrolle unterstützen.

Erinnerung: Ein weiteres Beispiel aus meiner Vergan-

genheit war eine Zeit, in der ich mit einem Narzissten über meine eigenen Herausforderungen sprechen wollte.

Ich erzählte ihm von meiner schwierigen Situation, in der ich mich sehr unsicher fühlte, und statt Mitgefühl oder Unterstützung zu erfahren, wurde ich eher kritisiert. Er sagte Dinge wie: „Du bist doch viel zu empfindlich. Andere Menschen hätten damit kein Problem." Das war eine Erfahrung, die mir sehr weh tat, weil er die Tiefe meiner Gefühle so abwertete, nur um sich selbst besser zu fühlen.

Was kannst du tun, wenn du einen Narzissten erkennst?

Grenzen setzen: Narzissten haben oft keine natürliche Fähigkeit, die Grenzen anderer Menschen zu respektieren. Du musst lernen, klare Grenzen zu setzen, um dich vor ihren manipulativen Versuchen zu schützen. Dies kann bein-halten, den Kontakt zu reduzieren oder deine Reaktionen auf ihre Versuche der Manipulation zu minimieren.

Emotionalen Abstand gewinnen: Narzissten sind besonders geschickt darin, deine Emotionen zu manipulieren. Es ist wichtig, emotionalen Abstand zu gewinnen, um dich nicht von ihrer ständigen Bedürftigkeit oder ihrem Drama beeinflussen zu lassen.

Selbstfürsorge: Es ist entscheidend, auf dich selbst zu achten. Versuche, dich mit Menschen zu umgeben, die dir positive Energie geben, und baue ein starkes Netz aus Unterstützung auf. Erinnere dich daran, dass du es verdienst, von anderen respektiert und geschätzt zu werden.

Der Narzisst als Energievampir ist besonders herausfordernd, weil er oder sie sehr geschickt im Umgang mit deinen Gefühlen ist und deine Wahrnehmung ständig auf die Probe stellt. Es ist ein schleichender Prozess, der dich nicht nur erschöpfen kann, sondern auch deine eigene Realität infrage stellt. Doch sobald du beginnst, die Manipulation zu erkennen und dich vor diesem Typ von Energievampir zu schützen, kannst du deine Energie zurückgewinnen und dich selbst wieder als Priorität sehen.

Der Narzisst verlangt Bewunderung und Anerkennung. Diese Person ist von sich selbst besessen und hat oft wenig Empathie für andere. Narzissten sind Meister der Manipulation, wenn es darum geht, sich selbst in den Mittelpunkt zu stellen. Sie sind sehr geschickt darin, das Gespräch auf sich zu lenken und erwarten, dass du ihre Selbstverherrlichung bewunderst.

Typische Merkmale:
- Ständig im Mittelpunkt und verlangen unaufhörliche Bewunderung.
- Sie nehmen keine Rücksicht auf die Gefühle anderer.
- Sie sind oft von sich selbst überzeugt, auch wenn ihr Verhalten schädlich ist.

Beispiel: Ein Bekannter, der ständig über seine Erfolge und seine „größere" Bedeutung in der Welt spricht, ohne sich für deine eigenen Erfahrungen oder Bedürfnisse zu interessieren.

Fazit:
Der Narzisst ist ein besonders zerstörerischer Energievampir, da er nicht nur deine Energie, sondern auch dein Selbstwertgefühl und deine emotionale Stabilität angreifen kann. Indem du klare Grenzen setzt, emotionalen Abstand wahrst und dich nicht von seiner Manipulation beeinflussen lässt, kannst du dich vor seiner Ausbeutung schützen. Ein Narzisst wird oft nicht erkennen, wie sehr er andere schädigt, daher ist es wichtig, sich selbst zu schützen und zu wissen, wann man sich aus solchen Beziehungen zurückziehen sollte.

Der Dauer Beschwerer

Kapitel 5. Der Dauer Beschwerer

„Die Welt ist so ungerecht."

Der„Dauer-Beschwerer" ist ein klassisches Beispiel für einen Energievampir, der kontinuierlich seine Unzufriedenheit und negative Perspektive auf das Leben verbreitet, ohnedieAbsichtzuhaben, wirklich etwas zu verändern. Es handelt sich um jemanden, der ständig auf der Suche nach Problemen ist und das Schlechte in allen Aspekten des Lebens sieht. Diese Person kann stundenlang klagen und negative Bewertungen äußern, ohne je eine Lösung oder Verbesserung anzustreben. Ihre Beschwerden ziehen die Energie aus dem Gespräch und aus den Menschen um sie herum, weil sie in einem Teufelskreis der Negativität gefangen sind.

Merkmale des Dauer-Beschwerers als Energievampir:

Endlose Klagen: Der Dauer-Beschwerer wird dich oft in endlose Gespräche über seine Probleme verwickeln sei es die Arbeit, die Familie, die Gesellschaft oder das Leben im Allgemeinen. Du wirst feststellen, dass es immer dasselbe ist: Negativität ohne Ende. „Weißt du, wie schwer mein Leben ist?" oder „Warum passiert mir immer so etwas?" sind typische Fragen,die diese Person immer wieder stellt. Es gibt keine Veränderung oder Weiterentwicklung in den Gesprächen, sondern nur eine ständige Wiederholung des Leidens.

Erinnerung: Ich hatte eine Freundin, die bei jedem Treffen mit denselben Themen auftauchte. Ihre Arbeit, ihre Familie, die Probleme mit der Regierung – alles war schlecht und ungerecht. Zunächst dachte ich, sie benötige Unterstützung, aber es wurde schnell klar, dass sie nicht nach Lösungen suchte, sondern einfach nur bestätigte, dass sie zu Recht leidet. Ihre ständigen Beschwerden zogen mich immer mehr herunter, und die Gespräche nahmen keine positive Wendung.

Das Fehlen von Lösungen: Dauer-Beschwerer wollen nicht wirklich eine Lösung für ihre Probleme finden, sie sind einfach in ihrem Zustand der Unzufriedenheit gefangen. Du versuchst, hilfreiche Ratschläge zu geben, aber entweder werden diese abgelehnt oder die Person zieht sich sofort wieder in ihre negative Haltung zurück. Ihre Beschwerden sind zu einem Teil ihrer Identität geworden, und eine Änderung scheint nicht gewollt zu sein.

Erinnerung: Als ich meiner Freundin versuchte zu hel-

*fen und Lösungen für ihre beruflichen Probleme anzu-
bieten, stieß ich immer auf
Ablehnung. „Das klappt doch ohnehin nicht!"war ihre
Antwort, als ich einfache, umsetzbare Vorschläge
machte. Es war frustrierend, weil sie sich nicht nur in
ihrer Negativität gefangen hatte, sondern auch keine
Bereitschaft zeigte, Verantwortung für eine Veränderung zu übernehmen.*

Das ständige Bedürfnis nach Bestätigung: Dauer-
Beschwerer suchen oft nach Bestätigung und Mitgefühl. Sie möchten, dass du ihre Sichtweise anerkennst,
dass du mit ihnen fühlst und vielleicht sogar in ihrer
Negativität zustimmst. Oft fühlen sie sich vernachläs-
sigt, wenn du versuchst, eine ausgewogenere Perspektive einzubringen.

*Erinnerung: Ich hatte einmal ein Gespräch mit einem
Bekannten, der ständig über seine Arbeitskollegen
schimpfte. Als ich versuchte, objektiv zu bleiben und zu
sagen, dass auch er seinen Anteil an der Situation hatte, wurde er enttäuscht und sagte: „Also, du verstehst
das nicht." Es war frustrierend, weil ich versuchte, ihn
aus seiner Negativspirale herauszuziehen, doch er war
mehr an Bestätigung als an einer Lösung interessiert.*

Die Überwältigung durch ihre eigene Negativität:

Dauer-Beschwerer sind nicht nur für andere anstrengend, sondern auch für sich selbst. Ihre ständige Unzufriedenheit raubt ihnen selbst die Energie. Sie fühlen sich hilflos und glauben, dass ihre Beschwerden der einzige Weg sind, sich Gehör zu verschaffen. Sie haben das Gefühl, dass das Leben gegen sie arbeitet, und verlieren mehr und mehr den Zugang zu positiven Aspekten ihres Lebens.

Beispiel: Als ich mich von meiner Freundin immer weiter distanzierte, bemerkte ich, dass sie sich immer weiter in ihre negativen Gedanken und Beschwerden verlor. Sie begann, nicht nur über ihre Arbeit und ihre Beziehung zu klagen, sondern über das Leben im Allgemeinen. Sie konnte die positiven Seiten nicht mehr sehen und schien mit jeder Beschwerde tiefer in ihre eigene Unzufriedenheit zu sinken.

Was du tun kannst, wenn du mit einem Dauer Beschwerer zu tun hast:

Setze klare Grenzen: Es ist wichtig, klare Grenzen zu setzen, wenn du merkst, dass ein Gespräch mit einem Dauer-Beschwerer deine Energie aufzehrt. Du kannst freundlich, aber bestimmt sagen, dass du nicht immer über negative Themen sprechen möchtest oder dass du für konstruktivere Gespräche offen bist. Du hast das

Recht, dich nicht in endlose Klagen verwickeln zu lassen.

Du könntest sagen: „Ich verstehe, dass du gerade schwierige Zeiten durchmachst, aber vielleicht könnten wir auch mal über Lösungen oder andere Themen sprechen, die nicht nur negativ sind."

Lenke das Gespräch in eine andere Richtung: Dauer-Beschwerer sind oft in ihrer Negativität gefangen und haben Schwierigkeiten, etwas Positives zu sehen. Versuche, das Gespräch in eine andere Richtung zu lenken, indem du nach Lösungen fragst oder die positiven Seiten eines Themas hervorhebst.Das kann nicht nur helfen, das Gespräch zu verändern, sondern auch eine kleine Veränderung in ihrer Denkweise bewirken.

Anstatt zuzuhören wie sie sich weiter über ihre Arbeit zu beschwert, könntest du fragen: „Was würdest du gerne anders machen, wenn du die Möglichkeit hättest?" oder „Gibt es nicht auch etwas in deinem Leben, auf das du stolz bist?"

Schütze deine eigene Energie: Dauer-Beschwerer können deine Energie rauben, wenn du dich ständig mit ihren Klagen beschäftigst. Es ist wichtig, auf deine eigene emotionale Gesundheit zu achten. Wenn du

merkst, dass du erschöpft bist oder keine positiven Gespräche mehr führen kannst, solltest du Abstand gewinnen. Suche dir Menschen, die dir positive Energie
bringen, und vermeide es, dich dauerhaft von Negativität umgeben zu lassen.
Vermeide, dich selbst in ihre Negativität hineinziehen
zu lassen: Auch wenn du mit einem Dauer-Beschwerer
sprichst, versuche, nicht in das negative Gedanken-
muster einzutauchen. Du kannst ruhig bleiben und
auch einmal sagen, dass du die negativen Sichtweisen
verstehst, aber dass du auch andere Perspektiven in
Betracht ziehen möchtest. Es hilft, das Gespräch nicht
nur auf ihre Beschwerden zu fokussieren.

Fazit:
Der Dauer-Beschwerer ist eine der herausforderndsten
Arten von Energievampiren. Seine ständige Negativität
ist ansteckend und zehrt an deiner Energie. Doch durch
das Setzen klarer Grenzen, das Lenken des Gesprächs
in konstruktive Bahnen und den Schutz deiner eigenen
Energie kannst du dich davor schützen, dich in seiner
Negativität zu verlieren. Es ist wichtig, sich bewusst zu
machen, dass du nicht die Verantwortung für die Probleme eines Dauer-Beschwerers übernehmen kannst,
sondern nur für deine eigene Reaktion darauf.

Der Kontrollfreak

Kapitel 6. Der Kontrollfreak.

„Du musst alles nach meinen Regeln machen."

Ein weiterer Energievampir, der in vielen Lebensbereichen auftauchen kann, ist der Kontrollfreak. Dieser Typ Mensch hat ein starkes Bedürfnis, jede Situation und jeden Menschen um sich herum zu kontrollieren. Ihre ständige Überwachung und das Bestreben, alles nach ihren Vorstellungen zu gestalten, kann dich völlig entleeren, da du dich in einer ständigen Haltung des Widerstandes oder der Anpassung befinden wirst. Kontrollfreaks suchen nicht nur nach physischer Kontrolle, sondern auch nach emotionaler Kontrolle – sie möchten wissen, was du denkst, was du fühlst und warum du so handelst, wie du es tust.

Der Kontrollfreak als Energievampir:

Kontrollfreaks können besonders in engen Beziehungen – sei es im persönlichen Leben oder am Arbeitsplatz – problematisch sein. Ihr übermäßiges Bedürfnis nach Kontrolle bedeutet, dass sie ständig deine Handlungen überwachen, deine Entscheidungen hinterfragen und dir das Gefühl geben, dass du niemals richtig oder ausreichend bist. Ihre überzogenen Ansprüche und Erwartungen an dich führen dazu, dass du dich wie in einem Käfig fühlst, aus dem du nicht entkommen kannst.

Wie erkennst du einen Kontrollfreak als Energievampir?

Übermäßige Kontrolle über dein Verhalten: Ein Kontrollfreak wird ständig versuchen, dein Verhalten zu lenken und zu beeinflussen. Sei es, wie du dich kleidest, wie du sprichst oder sogar wie du deine Freizeit verbringst–sie haben eine klare Vorstellung davon, wie du dich zu verhalten hast, und erwarten, dass du diese Vorstellungen widerspruchslos übernimmst. Sie sehen sich als den „besseren" Führer oder die „wahre" Autorität, und du bist nur ein Mittel, um ihre Kontrolle aufrechtzuerhalten.

Erinnerung: Ich erinnere mich an eine Zeit, in der ein enger Freund versuchte, mir bei der Gestaltung meines Arbeitsraums zu helfen. Zuerst schien es eine nette Geste zu sein, aber bald merkte ich, dass er nicht nur Vorschläge machte, sondern praktisch jede Entscheidung traf. „Du solltest das hier auf keinen Fall so stellen. Und dieses Bild ist vollkommen falsch platziert!"

Es ging nicht mehr darum, Hilfe zu leisten, sondern seine Vorstellungen auf mich zu übertragen. Es fühlte sich zunehmend an, als ob er meinen Raum und meine Persönlichkeit kontrollieren wollte. Ich verlor dabei das Gefühl, selbst Entscheidungen treffen zu können.

Das ständige Hinterfragen und Überprüfen: Kontrollfreaks hinterfragen oft deine Entscheidungen oder Handlungen, auch wenn sie keinen Grund dazu haben. Sie wollen sicherstellen, dass du immer den „richtigen" Weg gehst, aber „richtig" ist natürlich nur das, was sie als richtig empfinden. Alles, was außerhalb ihres engen Rahmens liegt, wird als potenziell falsch oder problematisch angesehen. Diese ständigen Überprüfungen führen zu einem Gefühl der Unsicherheit und Angst, dass du nicht genug tust oder falsch handelst.

Erinnerung: In einer früheren beruflichen Situation hatte ich einen Kollegen, der alles, was ich tat, ständig hinterfragte. Kein Schritt, den ich machte, war ihm recht – sei es die Art und Weise, wie ich eine Präsentation aufbaute, oder wie ich meine Arbeit organisierte. Anstatt einfach die Freiheit zu genießen, die Aufgaben selbst zu erledigen, fühlte es sich an, als würde ich ständig unter seiner Lupe stehen. Jede Entscheidung wurde überdacht, jedes Detail kontrolliert. Eines Ta-

ges begann ich zu zweifeln, ob ich überhaupt noch ei-genständig denken konnte.

Manipulation durch Schuldgefühle: Ein Kontrollfreak wird oft versuchen, dich durch Schuldgefühle oder Scham zu manipulieren, um seinen Willen durchzusetzen. Wenn du nicht den gewünschten Weg gehst oder ihre Erwartungen nicht erfüllst, wird das als persönlicher Angriff auf sie oder ihre Kontrolle interpretiert. Sie geben dir das Gefühl, dass du etwas falsch gemacht hast, was dazu führt, dass du dich innerlich Schuld fühlst und versuchst, ihre Kontrolle zu akzeptieren, um Konflikte zu vermeiden.

Erinnerung: Ich hatte eine Bekannte, die mir immer wieder das Gefühl gab, dass ich sie im Stich lassen würde, wenn ich ihre ständigen Anforderungen nicht erfüllte. Eines Tages hatte sie gefragt, ob ich bei einem Projekt helfen könnte, aber ich hatte bereits andere Verpflichtungen. Als ich ablehnte, stimmte sie mit einer entmutigten Miene zu, sagte jedoch, dass es „wirklich schade sei, dass ich nicht mehr für sie da sei, gerade in so einer schwierigen Zeit." Ihre Worte bohrten sich tief in mein Gewissen, auch wenn ich wusste, dass ihre Forderung völlig unangemessen war. Dennoch hatte sie es geschafft, eine Schuld auf mich zu projizieren, die nicht vorhanden war.

Mangel an Vertrauen: Ein grundlegendes Merkmal eines Kontrollfreaks ist das Fehlen von Vertrauen. Sie glauben nicht, dass andere Menschen in der Lage sind, ihre Aufgaben oder Pflichten richtig zu erfüllen, weshalb sie versuchen, alles zu überwachen und zu regulieren. Sie möchten sicherstellen, dass alles nach ihren Vorstellungen läuft, weil sie niemandem zutrauen, dass er oder sie es richtig macht. Das kann zu einer ständigen Frustration auf deiner Seite führen, weil du das Gefühl hast, dass dir nie genug Vertrauen entgegengebracht wird, egal, wie gut du deine Aufgaben erfüllst.

Erinnerung: Als ich ein Projekt mit einer Kollegin zusammenarbeitete, bemerkte ich, dass sie ständig in meine Arbeit eingriff, obwohl ich sie um Unterstützung gebeten hatte. Sie stellte ständig Fragen, korrigierte kleine Details und bestand darauf, dass ich alles nach ihrem Plan umsetze. Es war, als ob sie mir nie zutraute, dass ich den Job allein machen konnte, auch wenn ich die nötigen Fähigkeiten hatte. Am Ende konnte ich das Projekt nicht mit der gewün-schten Freiheit abschließen, und das Gefühl der Frustration und des Kontrollverlusts belastete mich sehr.

Was kannst du tun, wenn du mit einem Kontrollfreak zu tun hast?

Setze klare Grenzen: Wenn du bemerkst, dass du mit einem Kontrollfreak zu tun hast, ist es entscheidend, klare Grenzen zu setzen. Du musst deutlich machen, dass du nicht bereit bist, ständig kontrolliert zu werden und dass du deine eigenen Entscheidungen treffen kannst und solltest. Es ist wichtig, diese Grenzen freundlich, aber bestimmt zu kommunizieren, um unnötige Konflikte zu vermeiden.

Kommuniziere deine Bedürfnisse: Mache deutlich, warum du nicht möchtest, dass deine Handlungen kontrolliert werden. Erkläre, dass du dich respektiert und eigenständig fühlen möchtest und dass du Verantwortung für deine eigenen Entscheidungen übernehmen kannst. Wenn du in einer Beziehung mit einem Kontrollfreak bist, kann es hilfreich sein, regelmäßig deine Bedürfnisse und Gefühle auszudrücken, um die Dynamik zu verändern.

Bleibe selbstbewusst:Ein Kontrollfreak wird oft versuchen, dich durch Manipulation oder Schuldgefühle zu beeinflussen. Bleibe stark und selbstbewusst, und lass dich nicht in eine Position drängen, in der du deine eigenen Werte oder Grenzen aufgibst. Es kann hilfreich sein, sich regelmäßig daran zu erinnern, dass du das Recht hast, deine Entscheidungen selbst zu treffen.

Der Kontrollfreak als Energievampir kann eine sehr herausfordernde Erfahrung sein, besonders wenn er oder sie in deinem persönlichen oder beruflichen Umfeld präsent ist. Indem du klare Grenzen setzt und das Vertrauen in deine eigenen Fähigkeiten bewahrst, kannst du beginnen, dich von seiner Kontrolle zu befreien und deine eigene Energie zurückzugewinnen.

Der Kontrollfreak ist jemand, der das Bedürfnis hat, jede Situation zu dominieren und zu steuern. Diese Person glaubt, dass ihre Art, die Dinge zu tun, die einzig Richtige ist. Sie zwingen dir ihre Meinung auf, nehmen dir Entscheidungen ab und erwarten, dass du ihnen folgst. Das ständige Drängen und Manipulieren nimmt dir das Gefühl der Freiheit und erschöpft dich mental und emotional.

Typische   Merkmale:
• Sie versuchen, jede Situation nach ihren eigenen Regeln   zu   gestalten.
• Sie lassen wenig Raum für eigene Entscheidun- gen und   Meinungen.
• Ihre Kontrolle zeigt sich in kleinen und großen Handlungen.

Beispiel: Ein Elternteil oder Partner, der immer sagt,

wie du etwas zu tun hast, und bei jeder Entscheidung das letzte Wort hat.

Fazit:

Der Kontrollfreak ist eine der herausforderndsten Arten von Energievampiren, da seine Manipulationen oft unsichtbar und subtil sind. Er versteckt seine wahren Absichten hinter dem Deckmantel der Fürsorge, des Plans oder des "Besserwissens". Doch seine tiefere Motivation ist es, Macht und Kontrolle zu erlangen, und das auf Kosten deiner Freiheit, Kreativität und inneren Ruhe.

Wenn du dich in der Nähe eines Kontrollfreaks befindest, ist es entscheidend, deine eigenen Grenzen zu erkennen und sie klar zu kommunizieren. Denn der Kontrollfreak wird immer versuchen, dich in seine Welt zu ziehen, dich in seine Vorstellungen zu pressen, und wird dabei deine Energie abziehen. Deine Bereitschaft, Entscheidungen selbst zu treffen und Verantwortung für dein Leben zu übernehmen, kann der beste Schutz vor dieser Art von Vampirismus sein.

Erinnere dich daran, dass du das Recht hast, deine eigenen Entscheidungen zu treffen, und du bist niemandem verpflichtet, sich in ein Spiel der Kontrolle zu begeben. Die wahre Freiheit liegt in der Fähigkeit, dich von den Fesseln eines Kontrollfreaks zu befreien und deine Autonomie zurückzuerlangen. Indem du auf dich selbst achtest und dich von toxischen Mustern entfernst, wirst du nicht nur deine Energie bewahren, sondern auch deinen inneren Frieden und deine Stärke wiederfinden.

Ein wichtiger Schritt auf diesem Weg ist es, nicht in das Spiel der Macht und Kontrolle einzutauchen. Du kannst deine Unabhängigkeit bewahren, indem du dich klar und konsequent abgrenzst, ohne dich in endlosen Diskussionen oder Machtkämpfen zu verlieren. Denke daran: Du bist derjenige, der über deine Energie und deine Lebensrichtung bestimmt. Schütze beides mit Liebe und Respekt für dich selbst.

Der Drainer – Der energetische Vampir

Kapitel 7. Der Drainer – Der energetische Vampir.

„Kannst du mir mal schnell helfen? Ich bin so fertig."

Der „Drainer" ist ein besonders tückischer Energievampir, denn er saugt deine Energie nicht direkt durch Worte oder Handlungen ab, sondern auf eine subtilere Weise. Diese Menschen schaffen es, dich emotional und mental zu entleeren, ohne dass du es sofort bemerkst. Sie sind in der Lage, dir das Gefühl zu geben, als ob du ständig „nichts richtig machst" oder dass du immer mehr geben musst, ohne je etwas zurückzuerhalten. Du fühlst dich nach Begegnungen mit ihnen erschöpft und leer, als hättest du deine ganze Energie an sie abgegeben, ohne dass es einen ersichtlichen Grund dafür gibt.

Der Drainer als Energievampir:

Der Drainer ist der Mensch, der dich immer wieder in eine emotionale Abwärtsspirale zieht. Diese Personen schaffen es, mit ihrer ständigen Negativität, ihrem

Jammern und ihrer selbstzerstörerischen Haltung deine Energie auf eine Weise zu entziehen, die dir oft nicht bewusst wird. Der Drainer hat das Talent, dich in seinen oder ihren negativen Gedankengang hineinzuziehen, sodass du am Ende der Begegnung dich nicht nur erschöpft, sondern auch unsicher oder traurig fühlst.

Wie erkennst du einen Drainer als Energievampir? Ständiges Jammern und Klagen: Ein typisches Merkmal des Drainers ist, dass er ständig klagt und sich über alles und jeden beschwert. Nichts scheint gut genug für ihn zu sein, und das Leben wird immer als ein endloser Kampf dargestellt. Jede Konversation dreht sich um ihre eigenen Probleme, ohne dass Raum für deine Gedanken oder Sorgen bleibt. Du wirst schnell das Gefühl haben, dass du immer der „Therapeut" für die Probleme des Drainers bist, ohne jemals eine Erholung oder Unterstützung zurückzubekommen.

Erinnerung: Eine enge Freundin von mir hatte immer wieder eine schwierige Zeit, und jedes Mal, wenn wir uns trafen, war sie in einem Zustand der Klage. Egal, wie gut es mir ging oder wie sehr ich mich bemühte, positiv zu bleiben, sie zog mich immer in ihren negativen Strudel. Ich versuchte, Trost zu spenden, aber schnell stellte sich heraus, dass es keinen Unterschied machte – das Klagen setzte sich fort, und nach jedem

Gespräch fühlte ich mich schwächer und unmotivier-
ter.

Fehlende Wertschätzung und Rückgabe: Der Drainer ist oft nicht in der Lage, in Beziehungen etwas zurückzugeben. Du gibst und gibst, versuchst zu helfen und zu unterstützen, aber es gibt keine echte Wertschätzung oder Rück-meldung. Du fühlst dich immer wieder wie eine Quelle von Energie und Unterstützung, die niemals zurückgefüllt wird. Diesführtzueinem Ungleichgewicht, bei dem du dich ausgebrannt und erschöpft fühlst.

Erinnerung: Ich habe einmal jemandem bei der Arbeit geholfen, der ständig meine Unterstützung suchte, aber nie etwas zurückgab. Am Anfang hatte ich kein Problem damit, ihm zu helfen, weil ich wusste, dass er Schwierigkeiten hatte, aber nach einer Weile wurde es immer einseitiger. Egal, wie viel ich ihm half, es kam nie ein Dank oder eine Geste der Rückgabe. Irgendwann wurde mir klar, dass ich nur noch eine „Ressource" für ihn war und keine echte Verbindung mehr bestand.

Emotionales Chaos und Unbeständigkeit: Drainer sind oft von emotionalem Chaos umgeben.Ihre Stimmungsschwankungen und emotionalen Ausbrüche können dich in einen Zustand der Unsicherheit und Verwirrung versetzen. Du wirst ständig auf Trab gehalten, weil du nie genau weißt, wie der Drainer sich in der nächsten Minute fühlen wird. Diese Unbeständigkeit zieht viel von deiner Energie ab, da du versuchst, auf ihre Stimmungen einzugehen, ohne zu wissen, was du tun sollst.

Erinnerung: Ich erinnere mich an eine Zeit, als ich mit einer Bekannten in einer sehr turbulenten Phase meiner eigenen emotionalen Reise war. Sie hatte ständig auf und ab schwankende Stimmungen und reagierte oft heftig auf kleine Dinge. Ihre Wutausbrüche und plötzlichen Stillephasen ließen mich oft ratlos zurück, und ich fühlte mich wie in einem emotionalen Labyrinth. Es war, als ob ich immer in Bereitschaft sein musste, um ihre Launen zu bewältigen, was mich innerlich entleerte.

Manipulation durch Opferrolle: Drainer haben oft die Angewohnheit, sich selbst als Opfer darzustellen. Sie erklären ständig, warum sie leiden, und legen dir die Verantwortung für ihr Wohlbefinden auf. Indem sie dich in die Rolle des „Rettenden" drängen, holen sie sich deine Unterstützung, ohne jemals selbst Verantwortung für ihre Situation zu übernehmen. Diese ständige „Opferhaltung" lässt dich fühlen, als ob du immer für ihre Probleme verantwortlich bist.

Erinnerung: Ich hatte eine Person in meinem Leben, die sich ständig als das Opfer darstellte – sei es in Beziehungen, bei der Arbeit oder in sozialen Situationen. „Ich habe immer Pech", „Niemand versteht mich" – diese Aussagen waren regelmäßig. Anfangs versuchte ich, zu helfen, aber irgendwann wurde mir klar, dass ihre Opferhaltung nur ein Weg war, um sich selbst zu entlasten und Verantwortung für ihre Probleme zu vermeiden. Das ständige „Mitgefühl" führte bei mir zu einer Erschöpfung, da ich immerwieder die Verantwortung für ihre Schwierigkeiten auf mich nahm.

Was kannst du tun, wenn du mit einem Drainer zu tun hast?

Setze Grenzen und lerne, Nein zu sagen: Es ist wichtig, klare Grenzen zu setzen, wenn du mit einem Drainer in Kontakt stehst. Du kannst zwar Mitgefühl zeigen, aber es ist nicht deine Aufgabe, ständig die Energiequelle zu sein. Lerne, Nein zu sagen, wenn du merkst, dass der Drainer dich emotional auslaugt. Du hast das Recht, dich zu schützen. Erkenne, dass du nicht die Verantwortung für die Probleme eines anderen trägst: Der Drainer wird oft versuchen, dich für seine Probleme verantwortlich zu machen. Es ist wichtig, dir selbst klarzumachen, dass du nicht die Last seiner oder ihrer emotionalen Herausforderungen tragen musst. Jeder ist für sein eigenes Wohlbefinden verantwortlich.

Schaffe Distanz: Wenn der Drainer weiterhin deine Energie entzieht und keine Veränderung in seinem Verhalten zeigt, könnte es notwendig sein, die Beziehung auf eine gewisse Distanz zu bringen. Das bedeutet nicht, dass du die Person völlig abschneiden musst, aber du solltest dir erlauben, gesunde Grenzen zu setzen, um deine eigene Energie zu schützen.

Finde Unterstützung von anderen: Um dich zu regenerieren und deine Energie zurückzuerlangen, ist es hilfreich, dich mit Menschen zu umgeben, die positiv und unterstützend sind. Verbringe Zeit mit denen, die dich aufbauen, und suche aktiv nach positiven, erfüllenden Beziehungen.

Der Drainer als Energievampir kann sich auf viele verschiedene Arten manifestieren, sei es in Freundschaften, am Arbeitsplatz oder in Familienbeziehungen. Es ist wichtig, frühzeitig die Anzeichen zu erkennen und Maßnahmen zu ergreifen, um dich nicht von dieser negativen Energie entleeren zu lassen. Indem du

Verantwortung für deine eige-nen Grenzen über-nimmst, kannst du dich vor dem unaufhörlichen Entzug deiner Energie schützen.

Der Drainer ist jemand, der keine Lösungen für seine Probleme hat und ständig deine Unterstützung sucht. Sie sind emotional und energetisch so erschöpft, dass sie immer wieder bei dir „auftanken" wollen. Du merkst, dass du nach einem Gespräch mit ihnen leer und ausgelaugt bist, weil sie immer nur von ihren Ängsten, Sorgen oder emotionalen Belastungen sprechen.

Typische Merkmale:

Ständig erschöpft und hilfsbedürftig. Reden von ihren Sorgen ohne nach Lösungen zu suchen.
Hinterlassen das Gefühl der Erschöpfung und des Mangels an Energie.

Beispiel-Szenario:

Stell dir vor, du hast eine Freundin, die immer wieder ihre Probleme mit dir teilt – sei es in Bezug auf ihre Arbeit, ihre Beziehungen oder ihre allgemeine Lebenssituation. Sie hat ständig das Gefühl, dass sie „keine

Kontrolle" über ihr Leben hat und dass die Welt ihr gegenüber ungerecht ist. Sie klagt immer wieder über die gleichen Dinge, doch trotz deiner Vorschläge oder Ratschläge tut sie nichts, um ihre Situation zu verändern. Stattdessen dreht sich alles darum, dir ihre Sorgen zu erzählen, ohne dass sich je etwas verbessert.

Egal, wie oft du ihr zuhörst, wie viel Mitgefühl du aufbringst oder wie viele Lösungsmöglichkeiten du ihr anbietest, sie scheint keine der Vorschläge anzunehmen. Sie hört zwar aufmerksam zu, aber wenn du einen Schritt weitergehst und konkrete Schritte zur Lösung Ihrer Probleme vorschlägst, wird sie schnell defensiv oder vermeidet es, wirklich etwas zu unternehmen. Sie scheint den Kreis ihrer eigenen negativen Gedanken zu lieben und wiederholt diese endlos, ohne den Wunsch zu zeigen, aktiv etwas zu ändern.

Trotzdem braucht sie deine Energie: Sie verlangt, dass du immer wieder zuhörst, dich in ihre Welt hineinversetzen und ihre negative Stimmung teilen musst. Wenn du dann versuchst, dich aus der Konversation zu befreien oder sie dazu zu ermutigen, Verantwortung für ihre eigenen Entscheidungen zu übernehmen, wird sie dir das Gefühl geben, dass du sie im Stich lässt – obwohl sie nie bereit ist, echte Veränderungen zuzulassen.

Immer wieder wird sie dir ihre neuesten „Krisen" erzählen: Ein Streit mit ihrem Partner, eine anstrengen-

de Woche bei der Arbeit, ein Problem mit einem Freund – aber nichts wird wirklich getan, um diese Situationen zu verbessern. Und wenn du schließlich die Geduld verlierst und versuchst, den Gesprächsfokus zu ändern oder ihr zu sagen, dass es wichtig ist, die Verantwortung für ihr eigenes Leben zu übernehmen, fühlt sie sich verletzt und sagt Dinge wie: „Du verstehst mich einfach nicht, du weißt nicht, wie es ist." Es ist ein ständiges Hin und Her von endlosen Wiederholungen ihrer Beschwerden, und du wirst nach und nach das Gefühl haben, dass du ihre Probleme mehr erträgst als sie selbst. Du bist emotional erschöpft, ohne dass sich ihre Situation verändert – und du erkennst, dass sie immer wieder dieselben Themen anspricht, ohne wirklich an einer Lösung interessiert zu sein.

Warum dieser Typ ein Energievampir ist:

Dieser Typ von Energievampir lebt von deinem Mitleid, deiner Empathie und deinem Bedürfnis, anderen zu helfen. Obwohl sie ständig ihre Probleme mit dir teilt, ist sie in Wahrheit nicht an einer Lösung interessiert. Sie sucht keine echte Hilfe oder Unterstützung, sondern vielmehr Bestätigung, Aufmerksamkeit und emotionale Energie. Ihre Probleme werden sozusagen zu einem „Energie- Container", den sie immer wieder füllt, ohne jemals den Wunsch zu zeigen, ihn wirklich zu entleeren und etwas zu verändern.

Es ist nicht nur eine einmalige Gelegenheit, bei der du dich als unterstützende Freundin anbieten kannst, sondern ein sich wiederholender Prozess, der dich immer wieder in den Bann zieht. Die ständige Wiederholung ihrer Probleme und die Ablehnung jeglicher Veränderung lassen dich emotional ausgelaugt zurück, und du beginnst zu realisieren, dass deine Energie – die du in ihre Welt investierst – nicht wirklich genutzt wird, um etwas Positives zu bewirken.

Fazit:
Der Drainer ist der Energievampir, der dir deine Lebenskraft mit einem einzigen Blick oder einem einzigen Wort zu rauben scheint. Er ist derjenige, der dich mit seinen ständigen Bedürfnissen, seinen Klagen und seinem Drama in einen Strudel zieht, aus dem es schwer ist, wieder herauszukommen. Er ist ein Meister der Negativität, der oft wenig Rücksicht auf dein emotionales Wohl nimmt und die meiste Zeit nur von dir erwartet, dass du für ihn da bist, während er sich selbst in seinem Elend suhlt.

Der Drainer entzieht dir nicht nur physische Energie, sondern auch emotionale und geistige Kraft. Es ist wie ein ständiges "Leeren" deines inneren Reservoirs, und das kann auf lange Sicht zu Erschöpfung und Resignation führen. Oft merkt der Drainer nicht einmal, dass er so handelt. Vielmehr ist es eine gewohnheitsmäßige Denk- und Verhaltensweise, die auf einer tiefen inneren Leere beruht, die er durch andere füllen möchte.

Es ist wichtig, sich immer wieder bewusst zu machen, dass du nicht für das Leid und die negativen Emotionen eines anderen verantwortlich bist. Der Drainer kann deine Empathie und Fürsorge für sich nutzen, aber du musst dich nicht in seine Welt hineinziehen lassen. Du hast das Recht, Grenzen zu setzen und dich zu schützen, ohne Schuldgefühle oder das Gefühl der Verpflichtung zu haben.

Wenn du in der Nähe eines Drainers bist, erinnere dich daran, dass du nicht dessen persönliche Entladestation sein musst. Es ist kein Versagen, dich von seinem Drama zu distanzieren oder das Gespräch zu beenden, wenn du das Gefühl hast, dass es dich überfordert. Deine Energie gehört dir – und du hast das Recht, sie für dich selbst und die Menschen zu bewahren, die dich nähren und unterstützen.

Letztlich ist der beste Weg, mit einem Drainer umzugehen, ein liebevoller, aber fester Umgang mit den eigenen Grenzen. Du darfst dich von ihm nicht in den Sog seiner Negativität ziehen lassen. Indem du deinem eigenen Wohl und deiner inneren Balance Vorrang gibst, wirst du nicht nur deine Energie schützen, sondern auch lernen, wie du dich auf gesunde Weise von Menschen befreien kannst, die dich drainen.

Der digitale Parasit – Der Influencer

Kapitel 8. Der digitale Parasit – Der Influencer

„Hast du das schon gesehen? Hast du schon geliked? Kommentiere unbedingt!"

Im Zeitalter von Smartphones, sozialen Medien und ständigem digitalen Austausch hat sich eine neue Art von Energievampir herausgebildet: der digitale Parasit. Diese Menschen oder Situationen entziehen uns Energie nicht mehr nur im physischen Raum, sondern auch über die digitalen Kanäle, die wir täglich nutzen. Der digitale Parasit schafft es, uns zu beeinflussen und unsere Energie zu rauben, indem er unsere Aufmerksamkeit ständig fordert und uns in ungesunde, zeitraubende Muster hineinzieht. Ob durch ständiges Nachrichtenversenden, das Umgehen von Online-Diskussionen oder durch die Nutzung von Social Media, der digitale Parasit ist überall und sehr subtil.

Der digitale Parasit als Energievampir:

Die Macht des digitalen Parasiten liegt in seiner Fähigkeit, unsere Zeit und Energie zu beanspruchen, ohne dass wir es wirklich bemerken. Er „verführt" uns in die Welt der digitalen Ablenkungen, wo ständige Benachrichtigungen, Push-Nachrichten und E-Mails unser ständiger Begleiter sind. Oftmals sind es scheinbar harmlose Apps, Foren oder Social-Media-Plattformen, die uns in ihren Bann ziehen und uns unsere wertvolle Lebenszeit stehlen.

Wie erkennst du den digitalen Parasiten als Energievampir?

Ständige Ablenkung und Zwang zum Checken: Der digitale Parasit sorgt dafür, dass du ständig auf dein Handy schaust, sei es, um neue Benachrichtigungen zu überprüfen, Nachrichten zu lesen oder in sozialen Netzwerken nach Updates zu suchen. Das ständige „Checken" wird zu einem fast unbewussten Zwang, der deine Energie raubt, da du deine Aufmerksamkeit von deinem eigentlichen Leben und deinen Zielen abziehst.

Erinnerung: Ich erinnere mich an eine Zeit, in der ich mich mit dem ständigen Bedürfnis konfrontiert sah, jede Benachrichtigung sofort zu überprüfen – sei es auf Facebook, Instagram oder WhatsApp. Es war, als ob mein Leben von der ständigen „FOMO" (Fear of Missing Out) bestimmt wurde, und ich konnte nicht

aufhören, mich mit den digitalen Welten zu beschäfti-
gen. Oft bemerkte ich nicht, wie viel Zeit ich damit ver-
schwendete, bis es zu spät war. Mein Produktivitäts-
pensum sank, und ich fühlte mich immer leerer, als ob
die vielen unbedeutenden Informationen in meinem
Handy meine Energie schnappten.

Manipulation durch „Likes" und „Kommentare":

Ein typisches Merkmal des digitalen Parasiten ist, dass
er dich in eine Art „Belohnungsmechanismus" ein-
führt, bei dem du für jedes „Like", jeden Kommentar
oder jede Nachricht, die du erhältst, eine kleine emotionale Belohnung bekommst. Doch dieser Mechanis-
mus hat seine Tücken: Er führt dazu, dass du immer
wieder nach Bestätigung suchst und dich nach dem
Gefühl von Anerkennung sehnst, was dich emotional
und geistig leer hinterlässt, wenn diese Bestätigung
nicht in dem Ausmaß kommt, wie du es dir wünschst.

Erinnerung: Ich habe zeitweilig viel Zeit in sozialen
Medien verbracht und mich von der „Happiness" ge-
täuscht, die durch jedes „Like" oder jede positive
Rückmeldung kam. Doch schnell wurde mir klar, dass
diese kleinen „Freuden" mich eher leerer und unsi-
cherer machten. Ich wurde immer abhängiger von die-

ser Bestätigung und verlor zunehmend den Fokus auf das, was mir wirklich wichtig war.

Nutzung von toxischen Online-Diskussionen und Troll-Angriffen: Der digitale Parasit zieht dich oft in unnötige, toxische Online-Diskussionen oder Streitigkeiten, die keine Lösung bringen und nur deine Emotionen strapazieren. Diese Diskussionen enden meist in einem frustrierenden Austausch, der dich unnötig aufwühlt und dir das Gefühl gibt, dass du deine Energie in etwas verschwendest, das nichts Positives hervorbringt.

Erinnerung: Ich erinnere mich, wie ich einmal an einer Diskussion in einem Online-Forum teilnahm. Anfangs war es ein harmloses Gespräch, aber dann kam es zu hitzigen Debatten, in denen ich mich immer weiter in rechtfertigende Antworten verstrickte. Am Ende fühlte ich mich emotional ausgelaugt, als ob ich Stunden meiner Zeit in einem Konflikt investiert hätte, der mir nichts als Frustration brachte.

Abhängigkeit von digitalen Bestätigungen und ständiger Vergleich:

Der digitale Parasit hält dich in einem Zustand des

ständigen Vergleichs – sei es, weil du dich mit den scheinbar perfekten Leben von Influencern oder Bekannten misst, oder weil du ständig das Gefühl hast, mehr und mehr teilen zu müssen, um sichtbar zu bleiben. Diese Vergleichsdynamik kann zu einer tiefen Erschöpfung führen, da du dein eigenes Leben durch die Brille der digitalen Welt betrachtest und deine eigenen Bedürfnisse und Ziele in den Hinter-grund stellst.

Erinnerung: Zu einer Zeit, in der ich viel in sozialen Medien unterwegs war, bemerkte ich, wie sehr ich mich mit anderen verglich. Ihre Bilder, Reisen und scheinbar perfekte Lebensstile setzten mich unter Druck, immer mehr zu posten, um auch als „interessant" und „lebendig" wahrgenommen zu werden. Doch je mehr ich mich mit anderen verglich, desto unsicherer und müder wurde ich, bis ich merkte, dass ich das echte Leben und meine eigenen wahren Ziele aus den Augen verlor.

Was kannst du tun, wenn du mit einem digitalen Parasiten zu tun hast?

Setze digitale Grenzen: Eine der wichtigsten Maßnahmen gegen den digitalen Parasit ist das Setzen von klaren digitalen Grenzen.

Lege feste Zeiten fest, in denen du deine E-Mails und Social Media überprüfst, und halte dich daran. Vermeide es, ständig nach neuen Benachrichtigungen zu suchen oder dich von digitalen Inhalten ablenken zu lassen, die nicht zu deinem Leben oder deinen Zielen beitragen.

Reduziere den Fokus auf digitale Bestätigung:

Lerne, dich nicht mehr auf die digitale Bestätigung zu stützen. Dein Wert sollte nicht von der Anzahl der „Likes" oder der Aufmerksamkeit abhängen, die du online erhältst. Fokussiere dich auf dein wahres Leben und deine realen Beziehungen.

Vermeide toxische Online-Diskussionen: Wenn du merkst, dass du in einer toxischen Online-Diskussion landest, in der du nur Energie verlierst, ist es oft besser, sich davon zu distanzieren. Konzentriere dich stattdessen auf konstruktive Gespräche und achte darauf, dass deine Online-Zeit für dein Wachstum und Wohlbefinden genutzt wird.

Finde Ausgleich in der echten Welt: Schaffe dir Räume abseits des digitalen Raumes, in denen du zur Ruhe kommst und dich regenerieren kannst. Nutze diese Zeit für Spaziergänge in der Natur,

Meditation oder für echte Gespräche mit Freunden und Familie. So kannst du dich vor dem digitalenParasit schützen und wieder in deine eigene Energie zurückfinden.

Der digitale Parasit ist ein immer größer werdendes Problem in unserer modernen Welt. Er entzieht uns nicht nur unsere Energie, sondern auch unsere Zeit, die wir viel besser in unser eigenes Leben investieren könnten. Indem wir lernen, gesunde digitale Grenzen zu setzen und uns bewusst von toxischen digitalen Einflüssen fernzuhalten, können wir uns wieder auf das Wesentliche konzentrieren und unsere Energie in das fließen lassen, was uns wirklich erfüllt.

Der digitale Parasit im Kontext von Influencern

Der digitale Parasit im Kontext von Influencern lebt von der Energie und Aufmerksamkeit anderer. Dieser Typ von Energievampir braucht ständig Bestätigung, um sich selbst wertzuschätzen und seinen „Wert" zu bestätigen. Ein Influencer, der von dieser Dynamik betroffen ist, inszeniert sein Leben und erpresst praktisch seine Follower, indem er ständig von ihnen verlangt, zu liken, zu kommentieren und sich in seine Welt einzutauchen.

Für diesen Typen dreht sich alles nur um ihn: Jede Aktion, jedes Bild, jeder Moment muss dokumentiert und geteilt werden, damit er Bestätigung bekommt und weiterhin als „relevant" wahrgenommen wird. Du wirst regelmäßig aufgefordert, an Gewinnspielen teilzunehmen, seine Posts zu teilen und seine Produkte zu bewerben und das alles, um seine Reichweite zu steigern. Es geht weniger darum, authentische Inhalte zu liefern, als vielmehr darum, seine eigene Popularität und seinen Einfluss zu maximieren.

Typische Merkmale:
Ständige Aufforderungen zum Liken, Kommentieren und Teilen von Posts, um die Reichweite und Interaktion zu maximieren.
Veröffentlicht ständig Bilder und Geschichten, die in Szene gesetzt sind, um eine perfekte Fassade zu vermitteln.
Organisiert Gewinnspiele oder Aktionen, bei denen die Teilnehmer ihre Follower erwähnen müssen, um die eigene Followerzahl zu steigern.
Der Fokus liegt darauf, sich selbst zu inszenieren und anderen das Gefühl zu geben, Teil seines Lebens zu sein, während man selbst zunehmend ausgebeutet wird.

Beispiel-Szenario

Stell dir vor, du hast eine Freundin, die vorgibt, Influencerin zu sein. Sie ist ständig auf sozialen Medien aktiv und verlangt regelmäßig, dass du ihre Beiträge likest, kommentierst und teilst. Jedes Mal, wenn sie etwas postet, schickt sie dir eine Nachricht und bittet dich, „unbedingt zu liken, um sie zu unterstützen". Sie veranstaltet Gewinnspiele, bei denen du ihre Seite teilen musst, um teilzunehmen, und ist immer enttäuscht, wenn du nicht sofort reagierst.

Obwohl sie vorgibt, ihren Followern echte Inhalte zu liefern, geht es ihr hauptsächlich darum, ihre eigene Reichweite zu vergrößern und ihre Markenpartnerschaften zu pflegen. Du erkennst, dass ihre Aktivitäten mehr darauf ausgerichtet sind, ihre eigene Popularität zu steigern und dich in ihre „digitale Welt" einzuziehen, als wirklich einen wertvollen Austausch zu schaffen.

Fazit:

Der digitale Parasit ist ein Konzept, das in der modernen, digitalisierten Welt immer relevanter wird. Er schleicht sich in unser tägliches Leben und raubt uns unbemerkt Energie und Zeit, indem er unsere Aufmerksamkeit auf immer neue digitale Ablenkungen lenkt. Influencer, Social-Media-Plattformen und ständige Benachrichtigungen sind die modernen Werkzeuge dieses Parasiten, der sich von unserer Energie und unserem Streben nach Bestätigung nährt. Es ist wichtig, sich dieser Mechanismen bewusst zu werden und zu lernen, wie man gesunde digitale Grenzen setzt, um die Kontrolle über seine eigene Zeit und Energie zurückzugewinnen.

Wenn wir die Kontrolle über unser digitales Verhalten übernehmen, können wir verhindern, dass der digitale Parasit unser Leben beherrscht. Indem wir uns bewusst aus toxischen Diskussionen und der Jagd nach digitaler Bestätigung herausnehmen, schaffen wir Raum für echte, bereichernde Erfahrun- gen und Beziehungen. Es geht darum, den Fokus auf das Wesentliche zu lenken – auf echte Gespräche, auf kreative Entfaltung und auf die Dinge, die uns langfristig wirklich erfüllen. Indem wir uns von den digital erzeugten Illusionen und dem ständigen Drang nach Bestätigung lösen, können wir unser Leben wieder nach unseren eigenen Maßstäben gestalten und die wahre Energie in uns selbst finden, anstatt uns in der digitalisierten Welt zu verlieren.

Der Spiegel-Vampir

Kapitel 9. Der Spiegel-Vampir.

Der Spiegelvampir ist eine besonders heimtückische Art von Energievampir. Dieser Typ von Mensch hat die Fähigkeit, sich in deinem Leben einzuschleichen und durch eine subtile Manipulation deines Selbstbildes oder deines Selbstwertgefühls deine Energie zu entziehen. Er spiegelt deine eigenen Unsicherheiten, Ängste und negativen Gedanken zurück an dich, sodass du immer wieder mit dir selbst und deinem inneren Bild kämpfst. Der Spiegel-Vampir erkennt genau, was dich aus der Balance bringen kann, und nutzt diese Schwächen aus, um dich emotional zu destabilisieren und in einem Zustand der Unsicherheit zu halten.

Wie der Spiegel-Vampir deine Energie raubt:

Reflexion deiner Ängste und Unsicherheiten: Der Spiegel-Vampir ist besonders gut darin, sich deiner inneren Ängste und Zweifel bewusst zu werden und sie dir immer wieder vor Augen zu führen. Oft tut er dies auf eine scheinbar „harmlos" wirkende Weise, indem er dich indirekt kritisiert oder deine Schwächen hervorhebt. Diese Kommentare und Beobachtungen hinterlassen jedoch einen tiefen emotionalen Abdruck und verursachen Selbstzweifel, was letztlich deine Energie absaugt.

Erinnerung: Ich erinnere mich an eine Zeit, in der ich mich in einem bestimmten Umfeld immer unsicher fühlte, insbesondere wenn ich in Gesellschaft einer bestimmten Person war. Diese Person hatte die bemerkenswerte Fähigkeit, immer dann einen Kommentar zu machen, wenn ich mich besonders sicher fühlte. Es war nie direkt ein Angriff, sondern mehr eine beiläufige Bemerkung, die mich in meinem Selbstwertgefühl erschütterte. Je mehr ich darüber nachdachte, desto mehr begann ich, an mir selbst zu zweifeln, und meine Energie schwand.

Vergleiche und ständige Bewertungen: Der Spiegel-Vampir zwingt dich dazu, dich ständig mit anderen zu vergleichen, sei es in Bezug auf Aussehen, Erfolg oder Lebensweise. Er stellt dir vor, wie du „sein solltest", indem er dich mit Menschen konfrontiert, die scheinbar „besser" oder „erfolgreicher" sind als du. Dies kann dazu führen, dass du dich immer minderwertiger fühlst und deine eigenen Erfolge und Stärken nicht mehr zu schätzen weißt.

Erinnerung: In der Vergangenheit habe ich mich oft mit anderen verglichen, besonders mit Menschen, die scheinbar perfekt in allem waren. Der Spiegel-Vampir in Form einer Person, die oft in meinem Leben präsent war, spielte auf diesen Vergleich an und hinterfragte, warum ich nicht „dort" war, wo ich „hinkommen soll-te". Jedes Mal, wenn ich mir etwas erarbeitete, kam dieser gedankliche Vergleich und ich fühlte mich wie ein Versager, obwohl ich objektiv gesehen Fortschritte machte.

Untergraben von Entscheidungen und Handlungen: Der Spiegel-Vampir ist ein Meister der subtilen Manipulation. Wenn du eine Entscheidung triffst oder einen Plan verfolgst, ist er oft der Erste, der Zweifel sät, indem er Fragen stellt, die dich unsicher machen oder dir das Gefühl geben, dass du eine falsche Wahl getroffen hast. Dies führt dazu, dass du dich immer wieder in deinen Handlungen hinterfragst, was zu einem ständigen Gefühl der Erschöpfung und Verwirrung führt.

Erinnerung: Ich erinnere mich an eine Phase in meinem Leben, in der ich einen neuen beruflichen Weg einschlug. Die Entscheidung war nicht einfach, aber sie fühlte sich richtig an. Doch der Spiegel-Vampir in meinem Umfeld stellte immer wieder Fragen wie: „Bist du sicher, dass das der richtige Schritt ist?" oder „Was, wenn du am Ende alles verlierst?" Diese Zweifel sickerten immer tiefer in meinen Geist, und ich be-

gann, selbst an der richtigen Wahl zu zweifeln. Die Energie, die ich in diese negativen Gedanken steckte, war immens und raubte mir einen klaren Fokus.

•Das Bild der „perfekten Fassade": Der Spiegel-Vampir zwingt dich, eine Fassade aufrechtzuerhalten – eine, die dem Bild entspricht, das er von dir erwartet. Diese Fassade ist oft ein falsches Bild von Erfolg, Glück und Perfektion. Du wirst ständig darauf gedrängt, zu „funktionieren" und immer die beste Version von dir zu präsentieren, egal, wie du dich innerlich fühlst. Das Problem hierbei ist, dass du irgendwann vergisst, wer du wirklich bist, und deine eigene Identität in dieser Rolle verschwindet.

Erinnerung: In der Vergangenheit habe ich oft versucht, eine perfekte Fassade zu bewahren, um den Erwartungen anderer zu entsprechen. Besonders in beruflichen und sozialen Kontexten war ich bestrebt, stets gut auszusehen und erfolgreich zu wirken, auch wenn ich innerlich erschöpft war. Der Spiegel-Vampir in meinem Leben ermutigte mich, diese Fassade weiter aufrechtzuerhalten, bis ich mich irgendwann selbst nicht mehr erkannte und die Energie, die ich in diese „perfekte Version" von mir steckte,mich beinahe zerstörte.

Wie du dich vom Spiegel-Vampir befreien kannst:

Stärkung des Selbstbewusstseins: Der Schlüssel zur Befreiung vom Spiegel-Vampir ist, ein starkes Selbstbewusstsein aufzubauen. Lerne, dich selbst zu schätzen und deine eigenen Stärken zu erkennen. Je mehr du dich selbst liebst und akzeptierst, desto weniger kann der Spiegel-Vampir dich durch seine subtilen Manipulationen beeinflussen.

Grenzen setzen: Es ist wichtig, Grenzen zu setzen, besonders bei Menschen, die dich ständig kritisieren oder vergleichen. Du musst nicht immer in den Dialogen und Bewertungen anderer Menschen antworten. Es ist okay, deine eigenen Entscheidungen zu treffen und dich von negativen Einflüssen zu distanzieren.

Echte Selbstreflexion statt Selbstkritik: Lerne, deine eigenen Gedanken und Gefühle auf eine gesunde Weise zu reflektieren, ohne dich selbst zu verurteilen. Achte darauf, dass du dich nicht mit den negativen Reflexionen des Spiegel-Vampirs identifizierst. Deine Unsicherheiten sind menschlich, aber sie definieren nicht deinen Wert.

Vertraue auf deine Intuition: Anstatt dich immer wieder durch äußere Stimmen in deinem Leben beeinflussen zu lassen, lerne, mehr auf deine innere Stimme und Intuition zu vertrauen. Sie ist dein wahrer Spiegel, der dich auf den richtigen Weg führt.

Der Spiegel-Vampir ist eine heimtückische Erscheinung da er deine eigenen Schwächen, Ängste und Unsicherheiten zurückspiegelt. Er schafft eine Atmosphäre der Unsicherheit, indem er dein Verhalten oder deine Gefühle aufgreift und verstärkt. Du fühlst dich nach Gesprächen mit ihnen oft verwirrt und übermäßig selbstkritisch. Doch er hat keine Macht über uns, wenn wir lernen, uns selbst zu lieben und zu respektieren. Indem wir unsere eigenen Unsicherheiten anerkennen, ohne uns von ihnen dominieren zu lassen, und uns nicht von äußeren Stimmen in unserem Leben manipulieren zu lassen, können wir dem Spiegel-Vampir entkommen und unsere wahre Energie wieder zurückgewinnen.

Fazit:
Der Spiegel-Vampir nutzt unsere tiefsten Unsicherheiten, um uns emotional zu destabilisieren und uns von unserer eigenen Kraft abzulenken. Es ist wichtig, sich bewusst zu machen, dass wir nicht den Erwartungen anderer entsprechen müssen, um wertvoll zu sein. Indem wir lernen, auf unsere innere Stimme zu

hören und uns von negativen äußeren Einflüssen zu distanzieren, können wir unsere wahre Energie zurückgewinnen und uns aus den manipulativen Fängen des Spiegel-Vampirs befreien. Es ist ein Prozess des Selbstbewusstseins, der inneren Stärke und der Fähigkeit, Grenzen zu setzen.

Der Schwächling

Kapitel 10. Der Schwächling.

Der Schwächling ist eine besondere Form des Energievampirs, die oft in einem scheinbar harmlosen Gewand daherkommt. Er verhält sich oft wie eine hilfsbedürftige Person, die ständig Unterstützung und Hilfe von anderen benötigt. Er zieht Energie aus deinem Bedürfnis zu helfen und deine Ressourcen bereitzustellen, ohne jemals wirklich etwas zurückzugeben. Der Schwächling ist jemand, der emotional, geistig oder sogar körperlich so tut, als könne er nicht alleine zurechtkommen, und so immer wieder auf die Hilfe anderer angewiesen ist – während er in Wahrheit keine wirkliche Veränderung anstrebt, sondern in seiner Rolle als „Opfer" verharrt.

Wie der Schwächling deine Energie raubt:

Das Opfer-Syndrom: Der Schwächling weiß genau, wie er sich als Opfer darstellen kann. Er hat eine Geschichte, die immer wieder erzählt wird, und zieht die Menschen in seinen Bann, indem er sich als hilfsbedürftig und schwach präsentiert. Er manipuliert dein Mitgefühl, so-dass du dich verpflichtet fühlst, ihm zu helfen. Doch trotz all deiner Bemühungen wird er nie wirklich Fortschritte machen, weil er nicht daran interessiert ist, sich zu verändern. Er bleibt in seiner Opferrolle gefangen, was dich dazu bringt, immer wieder in dieselbe Falle zu tappen und deine Energie in etwas zu investieren, das niemals Früchte tragen wird.

Erinnerung: Ich habe eine Freundin gehabt, die immer wieder von einer scheinbar endlosen Kette von Problemen erzählte. Jedes Mal, wenn ich dachte, ich könnte ihr helfen, schien sie in ihre nächste Krise zu rutschen. Ihre Unfähigkeit, Verantwortung zu übernehmen und sich selbst aus ihrer Situation zu befreien, ließ mich irgendwann erschöpft zurück. Ich fühlte mich wie eine Energiequelle, die immer wieder angezapft wurde, ohne dass sie jemals etwas in ihr Leben integrierte, was sie voranbrachte.

Verantwortung abgeben: Der Schwächling delegiert oft seine Verantwortung an andere. Er übernimmt nie die Initiative, Probleme selbst zu lösen, sondern wartet darauf, dass jemand anders für ihn handelt. Das kann sich sowohl im privaten als auch im beruflichen Kontext zeigen. In einer Beziehung kann der Schwächling die Verantwortung für das emotionale Wohlbefinden auf seinen Partner abwälzen und erwartet von ihm, ständig die richtigen Lösungen und Hilfe zu bringen, ohne selbst etwas beizutragen. Dies führt zu einer einseiti-

gen Belastung, die auf Dauer die Energie des „Helfers"
erschöpft.

*Erinnerung: Ich erinnere mich an eine Zeit, in der ich
in einer beruflichen Zusammenarbeit war, bei der mein
Partner ständig Verantwortung auf mich abwälzte,
obwohl ergenausogutinderLagegewesen wäre, Entscheidungen zu treffen. Ich fand mich immer wieder in
der Rolle, Dinge zu regeln, die eigentlich in seinem
Aufgabenbereich lagen. Es war, als würde ich ständig
für ihn die schwierigen Entscheidungen treffen müssen,
während er einfach weiter in seiner Komfortzone blieb
und nie den Mut hatte, etwas zu ändern.*

Ständiges Anklagen der Umstände: Der Schwächling
sucht immer nach äußeren Gründen für seine Schwierigkeiten und weigert sich, die Verantwortung für sein
eigenes Leben zu übernehmen. Er glaubt, dass alles
außerhalb seiner Kontrolle liegt und dass die Welt gegen ihn ist. Diese Haltung hindert ihn daran, seine eigenen Stärken zu erkennen und Veränderungen herbei-
zuführen, weshalb er weiterhin Energie von anderen
benötigt, um zu überleben. Das ständige Klagen und
die Ausreden rauben dir auf lange Sicht deine Geduld
und deine Energie.

Erinnerung: In einer bestimmten Phase meines Lebens

habe ich einen Freund gehabt, der ständig seine Schwierigkeiten auf die Umstände schob. „Es ist der Chef", „Es sind die Kollegen", „Es sind die finanziellen Bedingungen" – nichts war je seine eigene Verantwortung. Doch mit der Zeit begann ich zu realisieren, dass seine ständige Negativität und seine Ausreden mich immer mehr ermüdeten. Ich konnte ihm nicht mehr zuhören, weil er keine Lösung suchte, sondern nur in seiner Situation verharrte, ohne etwas zu tun, um sich zu befreien.

Emotionale Abhängigkeit: Der Schwächling ist emotional oft sehr abhängig von anderen, was ihn dazu bringt, seine Mitmenschen immer wieder um Unterstützung zu bitten. Dabei stellt er hohe Erwartungen an die Menschen in seinem Umfeld, ohne jemals zu erkennen, dass er durch sein ständiges Bedürfnis nach Bestätigung und Hilfe die Balance zerstört. Diese emotionale Abhängigkeit zehrt nicht nur an den Nerven, sondern auch an den Kräften derjenigen, die versuchen, ihm beizuspringen.

Erinnerung: Ich hatte eine Zeit lang eine sehr intensive Freundschaft, bei der die Person immer wieder emotionale Unterstützung suchte – sei es in Form von aufmunternden Gesprächen, Lösungen für ihre emotionalen Probleme oder einfach als Stütze in schwierigen

Momenten. Während ich das anfangs gerne tat, stellte ich schnell fest, dass sich diese Beziehung mehr wie eine einseitige Belastung anfühlte. Der Schwächling in dieser Freundschaft war nie in der Lage, selbstständig Verantwortung für sein eigenes Wohlbefinden zu übernehmen, und jedes Mal, wenn ich meine Unterstützung anbot, verschwand diese Energie im Nichts.

Wie du dich vom Schwächling befreien kannst:

Gesunde Grenzen setzen: Der wichtigste Schritt im Umgang mit dem Schwächling ist es, gesunde Grenzen zu setzen. Du musst lernen, dass es nicht deine Aufgabe ist, die Verantwortung für das Leben eines anderen zu übernehmen. Es ist in Ordnung, zu sagen: „Ich kann dir nicht helfen, weil du nicht bereit bist, selbst aktiv zu werden." Indem du deine Grenzen erkennst und respektierst, schützt du deine Energie vor unberechtigtem Zugriff.

Förderung der Selbstverantwortung: Statt dem Schwächling ständig Lösungen zu bieten, fördere seine Selbstverantwortung. Oft ist es nicht hilfreich, sofort zu helfen, sondern den anderen zu ermutigen, selbst aktiv zu werden. Frage ihn: „Was, denkst du, könnte dir helfen? Was kannst du selbst tun?" Damit setzt du ihn in die Position, seine eigenen Kräfte zu aktivieren, anstatt immer wieder auf dich angewiesen zu sein.

Vermeidung der „Rettungsrolle": DerSchwächling versucht oft, dich in die „Rettungsrolle" zu drängen, die dich in eine ungesunde Dynamik bringt. Du musst lernen, diese Rolle nicht zu übernehmen, wenn der andere nicht bereit ist, sich selbst zu helfen. Es ist okay, einfach „nein" zu sagen, wenn du merkst, dass jemand nur darauf aus ist, in seiner Schwäche zu verharren und sich nicht selbst zu befreien.

Selbstreflexion und Mitgefühl: Auch wenn der Schwächling seine Energie von dir saugt, ist es wichtig, Mitgefühl zu haben. Oft steckt hinter dem Verhalten eine tief verwurzelte Angst oder eine Geschichte von Mangel an Selbstwert. Indem du dich selbst reflektierst und verstehst, warum du dazu tendierst, diese Menschen zu unterstützen, kannst du deine eigenen Bedürfnisse besser verstehen und deine Energie auf gesunde Weise einsetzen.

Beispiel-Szenario:
Markus, ein Kollege aus deinem Team, bittet dich ständig um Hilfe. Letztens hat er dich gebeten, ihm bei einem Bericht zu helfen, weil er sich unsicher fühlte, aber als du ihn darauf ansprichst, dass er endlich

mehr Verantwortung übernehmen sollte, entschuldigt er sich und erklärt, dass er das einfach „nicht drauf hat". Immer wieder fragt er dich nach Ratschlägen, obwohl er in der Lage ist, vieles selbst zu lösen. Er gibt dir das Gefühl, als würde ohne deine Unterstützung nichts laufen.

Was du fühlst:
Du hast das Gefühl, von Markus emotional „erzogen" zu werden. Es ist, als ob du ständig für seine Unsicherheiten und Defizite aufkommst, während er sich nicht wirklich bemüht, eigene Lösungen zu finden.

Fazit:
Der Schwächling ist oft jemand, der aus einem tiefen Bedürfnis heraus handelt, aber in der wiederholten Rolle des Opfers verharrt. Diese Menschen können uns emotional und energetisch erschöpfen, wenn wir uns nicht bewusst werden, dass wahre Hilfe nur dann wirksam ist, wenn der andere ebenfalls bereit ist, Verantwortung für sich zu übernehmen. Wenn du also das Gefühl hast, dass deine Energie ständig abgefragt wird, ist es an der Zeit, die Hilfe, die du gibst, zu überdenken und sicherzustellen, dass du in erster Linie dir selbst treu bleibst. Nur so kannst du wirklich helfen, ohne dich selbst zu verlieren.

Der Unsichtbare

Kapitel 11. Der Unsichtbare

Der Unsichtbare ist ein subtiler, aber dennoch äußerst kraftvoller Energievampir. Er fällt oft nicht auf, da er sich geschickt im Hintergrund hält. Dieser Mensch benötigt keine lauten Forderungen oder offenen Manipulationen, um Energie zu ziehen. Vielmehr entfaltet er seine Wirkung durch das Fehlen von Präsenz, indem er so tut, als sei er nicht wirklich da, oder sich von der Verantwortung und den sozialen Interaktionen fernhält. Doch
obwohl der Unsichtbare im Vordergrund nicht direkt eingreift, fühlt man nach einer Begegnung mit ihm oft eine tiefe Erschöpfung, als hätte man viel mehr gegeben, als man ursprünglich dachte.

Wie der Unsichtbare deine Energie raubt:

Emotionale Vernachlässigung: Der Unsichtbare ist oft nicht wirklich präsent in den zwischenmenschlichen Beziehungen. Er zieht sich emotional zurück, vermeidet tiefere Gespräche und beteiligt sich nicht aktiv an der Beziehung. Dies führt dazu, dass du immer wieder versuchst, die Verbindung zu ihm aufrechtzuerhalten, ohne dass du jemals die nötige emotionale Resonanz erhältst. Du gibst immer mehr, aber der Unsichtbare gibt nie wirklich etwas zurück. Deine Bemühungen, dich mit ihm zu verbinden, scheinen ins Leere zu laufen, was dich erschöpft und frustriert zurücklässt.

Erinnerung: Ich hatte eine Bekannte, die sich nie wirklich in Gespräche einbrachte, aber immer da war, wenn es etwas zu holen gab. Sie war emotional weit entfernt und schien kein Interesse an meinen Gedanken oder Gefühlen zu haben. Trotz ihrer ständigen Anwesenheit und gelegentlichen Begegnungen war sie wie ein Schatten – immer da, aber nie wirklich präsent. Als ich anfing, mich emotional von ihr zu distanzieren, merkte ich, wie sehr ihre passiv-aggressive Art meine Energie angriff. Es war, als würde sie aus dem Hintergrund beobachten und nehmen, ohne selbst etwas beizutragen.

1Mangelnde Anerkennung: Der Unsichtbare zieht deine Energie an, indem er deine Bemühungen oder die Dinge, die du tust, einfach ignoriert. Egal, wie viel du für ihn investierst, es gibt keine Anerkennung, kein Lob, kein Zeichen von Wertschätzung. Stattdessen bleibt er stumm und abwartend, was dich dazu zwingt, immer wieder und immer wieder zu zeigen, dass du wertvoll bist und deine Bemühungen gesehen werden möchten. Du fängst an, dich immer wieder selbst zu fragen, ob du überhaupt bemerkt wirst oder ob du in einer unsichtbaren Rolle steckst.

Erinnerung: Es gab Zeiten, in denen ich mich in meinem Beruf voll reingehängt habe, um Anerkennung zu bekommen – besonders von jemandem, der immer im Hintergrund blieb. Ich gab mein Bestes und zeigte Einsatz, aber die Antwort war immer dieselbe: Stille. Die Person zeigte kein Interesse an meinen Fortschritten oder Erfolgen, und langsam begann ich mich zu fragen, warum ich überhaupt weiterarbeitete, wenn ich nie gehört oder gesehen wurde. Diese ständige Unsichtbarkeit zog meine Energie ab, da ich immer wieder versuchte, für Anerkennung zu kämpfen, die nie kam.

Vermeidung von Verantwortung: Der Unsichtbare ist meisterhaft darin, Verantwortung zu vermeiden und sich aus allen wichtigen Entscheidungen oder Konflikten herauszuhalten. Er tritt nicht aktiv in Erscheinung, wenn es um wichtige Themen geht, und hält sich aus Diskussionen oder Auseinandersetzungen heraus. Das kann sowohl in persönlichen Beziehungen als auch in beruflichen Umfeldern geschehen. Doch indem er sich stets aus der Verantwortung stiehlt, lässt er die anderen umso mehr arbeiten und tragen. Seine Abwesenheit und das Fehlen einer klaren Position in schwierigen

Situationen führen dazu, dass du die ganze Last alleine tragen musst.

Erinnerung: Ich erinnere mich an einen Zeitraum in einer beruflichen Zusammenarbeit, in der ich oft die Verantwortung für Aufgaben übernehmen musste, die eigentlich in den Aufgabenbereich meines Kollegen fielen. Er war stets präsent, aber niemals aktiv in die Lösungsfindung eingebunden. Während ich voranschritt, stand er im Hintergrund und ließ mich alleine arbeiten, als würde er sich weigern, Verantwortung zu übernehmen. Es war, als ob seine „Unsichtbarkeit" eine Taktik war, um sich der Anstrengung und dem Stress zu entziehen, den ich durchlebte.

1Vermeidung von Nähe: Der Unsichtbare distanziert sich oft von tieferen emotionalen Bindungen, indem er sich bewusst zurückzieht. Er ist niemals vollständig anwesend, ei es in Gesprächen, Beziehungen oder bei der Teilnahme an sozialen Aktivitäten. Auf den ersten Blick wirkt er harmlos, fast zurückhaltend oder schüchtern, doch hinter dieser Fassade versteckt sich ein Mangel an wirklicher Verbindung und Engagement. Indem er sich emotional zurückhält, lässt er andere für die Verbindung und das Gefühl der Nähe arbeiten, was zu einer einseitigen Belastung führt.

Erinnerung: In einer meiner vergangenen Beziehungen hatte ich einen Partner, der sich ständig von mir emotional distanzierte. Obwohl er oft körperlich anwesend war, schien er immer in Gedanken woanders zu sein. Ich suchte nach Nähe, nach einem echten Gespräch, doch er blockierte meine Versuche, weil er entweder abgelenkt war oder einfach kein Interesse zeigte. Diese ständige Zurückhaltung hinterließ bei mir das Gefühl, als sei ich in der Beziehung immer diejenige, die sich anstrengen musste, um Nähe herzustellen.

Wie du dich vom Unsichtbaren befreien kannst:

Grenzen setzen: Wenn du merkst, dass der Unsichtbare deine Energie raubt, indem er emotional nicht anwesend ist oder sich aus der Verantwortung stiehlt, musst du klare Grenzen setzen. Du darfst nicht diejenige sein, die immer wieder versucht, eine Verbindung herzustellen, während der andere sich zurückzieht. Es ist wichtig, dich nicht zu sehr in die „Rettungsrolle" zu begeben oder zu hoffen, dass der Unsichtbare eines Tages aufwacht und erkennt, wie sehr du dich für die Beziehung engagierst.

Selbstachtung und Selbstwert: Der Unsichtbare kann nur dann an dir ziehen, wenn du das Gefühl hast, dass du unsichtbar bist oder keine Anerkennung erhältst. Stärke dein Selbstwertgefühl, indem du dir selbst Anerkennung gibst und aufhörst, nach der Bestätigung von außen zu suchen. Du musst dir bewusst machen, dass du wertvoll bist, unabhängig davon, ob du gesehen wirst oder nicht.

Echte Kommunikation suchen: Anstatt dich in endlosen Versuchen zu verlieren, dem Unsichtbaren nahezukommen, solltest du versuchen, ehrliche Gespräche zu führen. Frag ihn direkt, warum er sich so zurückzieht oder nicht wirklich in die Beziehung investiert. Vielleicht ist es Angst, Bequemlichkeit oder schlichtweg mangelndes Interesse. Indem du offen ansprichst, was dich belastet, kannst du Klarheit schaffen und dich von der erdrückenden Unsichtbarkeit befreien.

Distanz wahren: Es ist wichtig, sich von Menschen zu distanzieren, die immer wieder in der „Unsichtbarkeitsrolle" verharren und nicht bereit sind, aktiv in eine Beziehung oder Situation zu investieren. Du darfst deine Zeit und Energie nicht auf jemanden verschwenden, der nicht bereit ist, sich zu öffnen oder Verantwortung zu übernehmen. Sei dir bewusst, dass du selbst nicht „unsichtbar" werden darfst und dass du die Kontrolle über deine Energie hast.

Beispiel-Szenario:
Tom, ein Bekannter von dir, redet ständig über seine
Probleme, ohne wirklich zu merken, dass du
zuhörst. Letztens sprach er stundenlang über seine
Wohnungssuche, ohne zu fragen, wie es dir geht oder
was dich beschäftigt. Während des Gesprächs be-
merkst du, wie er immer wieder von einem Thema zum
nächsten springt, ohne Pause, und du dich zunehmend
ausgebrannt fühlst.
Was du fühlst:
Du fühlst dich, als hättest du deine Zeit verschwendet.
Du hast keine Gelegenheit bekommen, dich selbst aus-
zudrücken, und die ständige Monologe von Tom lassen
dich leer zurück.

Schlussgedanken: Der Unsichtbare ist oft ein schwieri-
ger Energievampir, da er seine Taktiken der Unauffäl-
ligkeit und Zurückhaltung anwendet, um unsere Energie zu absorbieren. Doch indem du dir bewusst machst,
dass er nicht immer nur „ruhig" oder „schüchtern" ist,
sondern bewusst in eine passive Rolle schlüpft, kannst
du lernen, dich davor zu schützen. Das Wichtigste ist,
deine eigene Präsenz und Selbstachtung zu bewahren
und zu erkennen, dass du genauso viel Wert und Aufmerksamkeit verdienst wie jeder andere – ohne ständig
um Anerkennung oder Nähe kämpfen zu müssen.

Fazit:

Die verschiedenen fiktiven Szenarien, die wir in diesem Kapitel betrachtet haben, verdeutlichen, wie unterschiedlich die Auswirkungen von Energievampiren auf uns sein können. Sie zeigen auf, wie subtil und oft unsichtbar diese energetischen Ausbeuter agieren, aber auch, wie klar ihre Muster erkennbar sind, wenn wir bewusst darauf achten. Indem wir uns mit diesen Szenarien auseinandersetzen, lernen wir nicht nur, Energievampire zu erkennen, sondern auch, wie wichtig es ist, auf unsere eigenen Gefühle und Grenzen zu achten. Jedes dieser Szenarien bietet eine wertvolle Lektion darüber, wie wir uns selbst schützen können, ohne uns von der manipulativen Energie anderer aufbrauchen zu lassen. Es ist wichtig zu erkennen, dass es nicht nur um die Identifikation von Energievampiren geht, sondern auch darum, unsere eigene Energie zu pflegen und zu bewahren. Im nächsten Kapitel werden wir weiter darauf eingehen, wie du diese Erkenntnisse in deinem Alltag anwenden kannst, um dich vor der negativen Ausstrahlung dieser Personen zu schützen.

Wie du Energievampire erkennst

Kapitel 12. Wie du Energievampire erkennst

Energievampire sind keine übernatürlichen Wesen, sondern Menschen, die unsere Energie subtil und oft unscheinbar rauben. Sie sind keine Kreaturen, die im Dunkeln lauern, sondern treten in verschiedenen Formen und Größen auf – manche laut und auffällig, andere leise und unauffällig. Das, was sie alle miteinander verbindet, ist die Tatsache, dass sie nach einer Interaktion ein Gefühl der Erschöpfung und Leere hinterlassen.

Diese Menschen sind nicht immer leicht zu erkennen, denn ihre Auswirkungen auf uns sind oft schleichend. Sie entziehen uns Energie ohne, dass wir es direkt merken, bis wir uns leer und ausgelaugt fühlen.Ich erinnere mich noch gut an den Moment, als ich zum ersten Mal bemerkte, dass ich in die Fänge eines Energievampirs geraten war. Es war keine Person, die mir absichtlich Schaden zufügen wollte, ganz im Gegenteil. Sie war charmant und stets hilfsbereit, aber nach jedem Gespräch mit ihr fühlte ich mich leer und erschöpft. Sie hatte eine endlose Liste von Problemen, die sie mir immer wieder anvertraute. Ich hörte zu, versuchte, zu helfen, doch irgendwann merkte ich, dass meine eigenen Gedanken und Bedürfnisse keinen Platz mehr hatten. Ohne es zu merken, wurde meine Energie entzogen.

Der emotionale Ausschlag

Energievampire kommen häufig als sympathische und hilfsbedürftige Menschen daher. Sie haben viele Sorgen und Probleme, die sie mit dir teilen wollen, und du fühlst dich gedrängt, ihnen zu helfen. Was als kurzes Gespräch über ein Problem beginnt, kann sich schnell zu einer ständigen Forderung nach Aufmerksamkeit und Fürsorge entwickeln. Die emotionale Erschöpfung nach solchen Gesprächen ist ein deutliches Zeichen. Du fühlst dich ausgebrannt, als ob du den Raum selbst leer gesogen hast, und nicht erfrischt oder motiviert, wie es nach einem gesunden Austausch der Fall wäre.

Ein Beispiel, das mir in den Sinn kommt, ist eine Bekannte, die immer wieder mit ähnlichen Themen zu

mir kam: berufliche Probleme, Beziehungsängste, ge-
sundheitliche Sorgen. Jedes Mal, wenn wir uns trafen,
war sie aufgebracht, und ich hörte zu. Doch nach je-
dem Gespräch war ich völlig ausgelaugt und hatte das
Gefühl, mich in ihrem Drama selbst verloren zu haben.
Ich musste lernen, die emotionalen Ausschläge dieser
Gespräche zu erkennen und mich abzugrenzen, bevor
ich mich selbst darin verstrickte.

Die Manipulation von Schuldgefühlen

Ein weiteres häu-
figes Merkmal von Energievampiren ist ihre Fähigkeit,
subtil Schuldgefühle zu erzeugen. Sie stellen sich oft in
eine Opferrolle und fordern von dir Unterstützung, als
sei dein eigenes Wohl nicht so wichtig wie das ihre.
Sie setzen emotionale Druckmittel ein, wie passive
Aggression oder Vorwürfe, um dich dazu zu bringen,
ihre Bedürfnisse über deine eigenen zu stellen. Sie manipulieren nicht dirckt, sondern indirekt, und erzeugen
das Gefühl, dass du sie im Stich lassen würdest, wenn
du dich nicht um sie kümmerst.

Ich hatte eine Freundin, durch die ich oft in diese Falle
geriet. Sie berichtete mir ständig von ihren Problemen,
und jedes Mal, wenn ich versuchte, das Gespräch auf

meine eigenen Themen zu lenken, brach sie sofort in
ihre eigenen Sorgen auf. Wenn ich nicht die Zeit oder
Energie hatte, mich auf ihre Geschichten
einzulassen, begannen subtile Andeutungen: „Es tut
mir leid, dass ich dir so viel erzähle. Ich weiß, du hast
auch deine eigenen Probleme, aber ich wusste nicht,
an wen ich mich sonst wenden sollte." Damit drängte
sie mich, immer für sie da zu sein, und ließ keine Mög-
lichkeit, mich von ihr abzugrenzen.

Die Energie-Spiegelung

Energievampire sind auch dafür
bekannt, die Energie, die wir ihnen geben, zu spiegeln
und zu verstärken, ohne selbst etwas zurückzugeben.
Sie nehmen unser Mitgefühl und Unterstützung auf,
aber sie reflektieren diese nur, ohne uns etwas Sub-
stanzielles zu geben. Ihre ständigen Bedürfnisse saugen unsere Energie auf, und am Ende fühlen wir uns
ausgebrannt, ohne dass uns etwas zurückgegeben wurde.

Ich hatte einmal mit einem „Spiegel-Vampir" zu
tun, der nie wirklich etwas für sich selbst feierte. Jeder

Erfolg, den er erzielte, wurde schnell von neuen, nie endenden Bedürfnissen überschattet. Ich gab ihm ständig meine Energie, indem ich versuchte, ihn zu unterstützen und ihm zu helfen, aber er konnte nie genug davon bekommen. Das führte dazu, dass ich meine eigenen Erfolge und Bedürfnisse aus den Augen verlor, während ich versuchte, seine Erwartungen zu erfüllen.

Die Unverhältnismäßigkeit der Forderungen

Energievampire stellen oft unrealistische und übermäßige Forderungen an uns, die wir kaum erfüllen können, ohne unsere eigene Lebensenergie zu opfern. Sie erwarten, dass wir immer verfügbar sind, dass wir ihre Bedürfnisse über unsere eigenen stellen und uns selbst opfern, um ihnen zu helfen. Sie erkennen nicht, dass wir ebenfalls Grenzen haben, und wenn wir diese aufzeigen, sehen sie es oft als Ablehnung oder Unfreundlichkeit.

Ein Beispiel aus meiner eigenen Erfahrung war eine enge Freundin, die bei mir ständig Hilfe anforderte, wenn es ihr schlecht ging. Sie kam mit langen Listen von Dingen, die sie brauchte, und ich fühlte mich fast gezwungen, ihre Erwartungen zu erfüllen. Als ich dann sagte, dass ich auch eigene Verpflichtungen und

Bedürfnisse hatte und nicht alles auf einmal bewälti-
gen könne, war sie enttäuscht. Sie fühlte sich im Stich
gelassen, weil sie ihre eigenen Grenzen nicht wahr-
nehmen konnte und auf meine Hilfe angewiesen war.

Fazit: Energievampire sind oft schwer zu erkennen, da sie sich hinter Masken von Sympathie, Hilfs-
bedürftigkeit oder Charme verbergen können. Doch
wenn wir lernen, auf die subtilen Anzeichen zu achten,
wie unausgewogene Gespräche, Schuldmanipulatio-
nen, mangelnde Empathie und übermäßige Forderungen, können wir uns davor schützen, uns von ihnen
ausnutzen zu lassen.
Es ist wichtig, ein starkes Selbstbewusstsein zu entwickeln und sich selbst nicht zu verlieren. Die wahre
Herausforderung besteht darin, unser eigenes Energie-
feld zu schützen, indem wir klare Grenzen setzen und
achtsam bleiben. Nur so können wir gesunde, unterstützende Beziehungen führen, ohne unsere eigene Lebensenergie zu verlieren. Denn nur wenn wir uns selbst
wertschätzen und auf unsere eigene Energie achten,
können wir auch für andere da sein, ohne uns selbst
auszupumpen.

Psychologische Mechanismen hinter Energievampiren

Kapitel 13. Psychologische Mechanismen, hinter Energievampiren.

Energievampire rauben nicht nur unsere physische Energie, sondern auch unsere psychische Kraft. Um zu verstehen, wie sie dies tun, müssen wir uns die zugrunde liegenden psychologischen Mechanismen anschauen, die ihr Verhalten antreiben. In diesem Kapitel gehen wir auf die psychologischen Taktiken ein, die Energievampire anwenden, um uns in ihre „Energiefallen" zu locken, und erklären, warum wir in ihrer Nähe oft erschöpft und ausgelaugt sind.

Manipulation:

Die subtile Kunst der Kontrolle: Einer der zentralen Mechanismen, mit denen Energievampire ihre Macht ausüben, ist Manipulation. Manipulation bedeutet, dass jemand bewusst die Wahrnehmung einer anderen Person beeinflusst, um sie in eine für den Manipulator vorteilhafte Position zu bringen, ohne dass die betroffene Person dies sofort bemerkt.

Typische manipulative Taktiken, die Energievampire einsetzen, sind:

Gaslighting: – Die Kunst der Verwirrung

Gaslighting ist ein psychologisches Manipulationsinstrument, das darauf abzielt, das Opfer an seiner eigenen Wahrnehmung und Wahrhaftigkeit zu zweifeln. Energievampire setzen diese Technik häufig ein, um uns das Gefühl zu geben, dass wir irrational oder überempfindlich reagieren, wenn wir ihre Verhaltensweisen infrage stellen. Ein klassisches Beispiel für Gaslighting ist, wenn jemand ständig gegen unsere eigenen Wahrnehmungen arbeitet, unsere Gefühle herunterspielt oder uns in die Falle lockt, uns zu entschuldigen, obwohl wir keine Schuld haben.

Ich erinnere mich an eine Zeit, als ich in einer Beziehung mit jemandem war, der diese Technik meisterhaft einsetzte. Immer wenn ich auf etwas hinwies, das mich störte, wie etwa ein bestimmtes Verhalten, das mir nicht gefiel, reagierte er sofort mit: „Das hast du

dir nur eingebildet." „Warum bist du immer so emp-
findlich?" Oder „Das habe ich doch gar nicht ge-
sagt." Zuerst war ich verwirrt, begann, an meiner
Wahrnehmung zu zweifeln und dachte, vielleicht bin
ich wirklich zu empfindlich. Doch nach einer Weile
wurde mir klar, dass es sich um einen manipulativen
Versuch handelte, mich zu verunsichern und mich in
einem Zustand der Selbstzweifel zu halten.

Gaslighting kann äußerst
schädlich sein, da es uns nicht nur unsere Sicherheit in
unsere eigenen Wahrnehmungen raubt, sondern auch
das Vertrauen in unsere eigene Intuition untergräbt.

Projektion – Die Schuld
auf dich schieben

Projektion ist ein Abwehrmechanismus, bei dem Menschen ihre eigenen negativen Eigenschaften oder ungelösten Konflikte auf andere übertragen. Ein Energievampir, der projiziert, schiebt seine eigenen
Unsicherheiten, Ängste oder Unzulänglichkeiten auf
uns und macht uns dafür verantwortlich. Wenn jemand
beispielsweise in seinem eigenen Leben Konflikte hat
oder mit Wut oder Enttäuschung kämpft, kann er diese

Gefühle auf uns übertragen, indem er uns beschuldigt, dieUrsache für seine Probleme zu sein.

Ich hatte eine solche Erfahrung mit einer Bekannten, die immer wieder mit dem gleichen Problem zu mir kam – sie fühlte sich oft von anderen ungerecht behandelt. Doch anstatt ihre eigenen Schwierigkeiten anzuerkennen, warf sie anderen vor, sie zu „übersehen" oder „schlecht zu behandeln", obwohl das gar nicht stimmte. Es wurde schnell klar, dass sie ihre eigenen Unsicherheiten auf mich und andere projizierte. Ihr Gefühl der Verletztheit und Ablehnung war nicht mein Verhalten, sondern ihr eigenes, ungelöstes Problem. Es war erstaunlich, wie schnell ich mich von ihrer Projektion ergriffen fühlte und wie schwer es war, mich davon zu befreien.

Projektion ist eine weitverbreitete Technik bei Energievampiren, da sie es ihnen ermöglicht, ihre eigenen ungelösten inneren Konflikte nicht anzusehen und stattdessen die Verantwortung für ihre negativen Gefühle auf andere abzuwälzen.

Schuld- und Schammanipulation – Das Spiel mit den Gefühlen

Energievampire sind oft Meister in der Manipulation von Schuld und Scham. Sie wissen genau, wie sie unsere tiefsten Ängste und Unsicherheiten ansprechen können, um uns in die Rolle des „Schuldigen" zu drängen. Durch geschickte Worte oder subtile Andeutungen wecken sie in uns das Gefühl, dass wir etwas falsch gemacht haben oder dass es unsere Verantwortung ist, ihr Leid zu lindern. Dies kann dazu führen, dass wir uns verpflichtet fühlen, immer wieder zu helfen, auch wenn es uns emotional erschöpft.

Ich erinnere mich an eine Situation, in der eine Freundin in Schwierigkeiten war und ich ihr half, ihre Probleme zu lösen. Doch je mehr ich half, desto mehr forderte sie. Sie begann mir immer wieder zu sagen, wie sehr sie auf mich angewiesen war, und wie schlecht sie sich fühlte, wenn ich ihr nicht zur Seite stand. Schließlich sagte sie eines Tages: „Ich weiß nicht, was ich ohne dich tun würde. Du bist der Einzige, der mich versteht." Es war, als ob sie mir ein unsichtbares, aber sehr starkes Schuldgefühl aufdrückte. Ich fühlte mich verantwortlich für ihr Wohl und konnte ihr nicht mehr widerstehen, auch wenn es mir nicht guttat, mit ihr zusammen zu sein.

Schuld- und Scham
Manipulationen sind besonders gefährlich, weil sie uns
in eine Rolle drängen, in der wir glauben, dass wir für
das Wohl anderer verantwortlich sind – und das auf
eine Weise, die uns selbst belastet. Oft erkennen wir
erst spät, wie sehr wir uns selbst in diese Falle begeben
haben.

Die Rolle des Retters – die Sympathie-Masche

Energievampire spielen auch mit der Rolle des „Opfers" und versuchen uns in die Rolle des „Retters" zu
drängen. Sie präsentieren sich als bedürftig, hilflos und
emotional überfordert, um Mitleid zu erregen und uns
in den Glauben zu versetzen, dass wir die Einzigen
sind, die ihnen helfen können. Das lässt uns glauben,
dass wir ihre Rettung sind, während sie sich auf uns
stützen, um ihre eigenen Bedürfnisse zu befriedigen.

*Ich habe in meinem Leben oft bemerkt, wie diese
Dynamik mit verschiedenen Menschen auftrat. Eine*

Bekannte von mir klagte ständig über ihre schlechten Erfahrungen und ihre Misserfolge. Sie zog mich immer wieder in ihre Geschichten und bat mich um Rat und Hilfe, was zunächst gut und freundlich schien. Doch je mehr ich mich in ihre „Rettung" investierte, desto mehr begann sie, meine Bemühungen als selbstverständlich zu betrachten. Irgendwann merkte ich, dass sie die Verantwortung für ihre Probleme nie selbst übernehmen wollte – sie hatte sich in die Rolle des hilflosen Opfers zurückgezogen, während ich die Last ihrer Probleme trug.

Diese Taktiken sind raffiniert und machen es schwierig, den Energievampir zu erkennen, da die Manipulation oft in so subtile, indirekte Wege gehüllt ist, dass du es nicht sofort merkst. Wenn du jedoch beginnst, Muster zu erkennen, wird es dir leichter fallen, solchen Energievampiren zu widerstehen.

Schuldgefühle und emotionale Erpressung

Schuldgefühle sind ein weiteres starkes Werkzeug, das Energievampire nutzen, um dich emotional zu erpressen und dich von deiner eigenen Energie abzulenken.

Diese Art von emotionaler Erpressung kann in vielen Formen auftreten:

„Du hast mir doch versprochen."

Energievampire setzen oft auf deine Schuldgefühle, indem sie dir vorwerfen, deine Versprechen nicht gehalten zu haben, auch wenn du einen triftigen Grund hattest, diese nicht einzuhalten.

„Wenn du mich wirklich liebst, würdest du das tun."

Sie spielen mit deinen Emotionen und setzen Bedingungen, bei denen du dich schuldig fühlst, wenn du nicht nachgibst.

Indem sie diese Schuldgefühle in dir auslösen, zwingen sie dich, dich ständig zu rechtfertigen und deine eigenen Bedürfnisse zu ignorieren. Das führt dazu, dass du deine eigenen Grenzen überschreitest und immer mehr Energie in die Beziehung investierst, während deine eigenen Reserven erschöpft werden.

Abhängigkeit und Bedürftigkeit schaffen

Energievampire schaffen häufig eine Atmosphäre der Abhängigkeit, in der du das Gefühl hast, dass du für sie verantwortlich bist oder sie nicht ohne deine Hilfe zurechtkommen.

Diese Taktik wird oft durch Mangel an Selbstvertrauen oder Schwäche des Vampirs begünstigt:

„Ich weiß nicht, wie ich das alleine machen soll."

Der Energievampir gibt vor, unfähig zu sein, sich selbst zu helfen, was dich dazu drängt, dir die Verantwortung für ihre Probleme aufzubürden.

„Ich brauche dich so sehr."

Durch das Gefühl, gebraucht zu werden, entsteht eine emotionale Abhängigkeit, die den Vampir in einer Machtposition hält und dich dazu bringt, dich ständig um ihn zu kümmern.

Diese Abhängigkeit ist eine der gefährlichsten Taktiken, da sie deine eigenen Wünsche und Bedürfnisse zurückstellt, während der Energievampir dich mit seiner Bedürftigkeit und Schwäche immer weiter in seine „Falle" zieht.

Warum werden wir selbst zu Energievampiren?

Es ist nicht nur der andere, der uns Energie rauben kann – oft haben wir selbst auch unbewusste Verhaltensweisen, die dazu führen, dass wir in einer Beziehung mehr Energie abgeben, als uns guttut. Dies kann durch eine Vielzahl von Faktoren geschehen:

Übermäßige Empathie

Du fühlst dich verpflichtet, anderen zu helfen, selbst auf Kosten deiner eigenen Energie.

Angst vor Ablehnung oder Konflikten:

Du gibst nach, um Konflikte zu vermeiden, und lässt dabei deine eigenen Grenzen außer Acht.

Selbstzweifel

Wenn du an dir selbst zweifelst, suchst du Bestätigung von anderen, was dich anfällig für Manipulation macht.Es ist wichtig, sich dieser eigenen Muster bewusst zu werden, um zu verhindern, dass du selbst ungewollt zum Energievampir wirst oder in toxische Dynamiken gerätst.

Die Auswirkungen auf unser Wohlbefinden

Der ständige Kontakt mit einem Energievampir hat tiefgreifende Auswirkungen auf unser psychisches und körperliches Wohlbefinden:

Erschöpfung

Du fühlst dich nach der Interaktion mit einem Energievampir körperlich und emotional ausgelaugt.

Depression und Angst

Die ständige Belastung durch toxische Beziehungen kann zu längerfristigen psychischen Problemen wie Depressionen und Ängsten führen.

Verminderte Lebensfreude

Du verlierst die Freude an Aktivitäten, die dir normalerweise Energie geben, da du dich ständig mit dem Vampir und seinen Bedürfnissen beschäftigst.

Der erste Schritt, um sich zu schützen, ist, diese Mechanismen zu erkennen und zu verstehen. Nur so kannst du beginnen, dich bewusst zu distanzieren und zu lernen, dich nicht mehr von den psychologischen Fallen der Energievampire fangen zu lassen.

Energievampire sind nicht nur ein Produkt unserer Wahrnehmung, sondern oft auch Meister der psychologischen Manipulation. Sie nutzen verschiedene psychologische Mechanismen, um uns zu beeinflussen, ohne dass wir es immer sofort bemerken. Diese Mechanismen sind so subtil und effektiv, dass sie uns häufig in den Glauben versetzen, dass wir selbst die Verantwortung für das zugrundeliegende Problem tragen. In diesem Kapitel möchte ich einige dieser Mechanismen näher betrachten, um zu verdeutlichen, warum wir uns so oft von Energievampiren ausnutzen lassen.

Schlussgedanken: Die psychologischen Mechanismen, die Energievampire anwenden, sind ausgeklügelt und subtil, aber wenn wir sie erkennen und verstehen, können wir uns davor schützen. Es ist wichtig, sich der Manipulation bewusst zu sein und sich selbst treu zu bleiben. Die Kunst des Selbstschutzes liegt darin, sich nicht von diesen psychologischen Spielchen einfangen zu lassen und zu wissen, wann es Zeit ist, „nein" zu sagen und unsere Grenzen zu setzen. Wenn wir uns der Manipulation bewusst werden, können wir die Kontrolle über unsere eigene Energie zurückgewinnen und gesunde, ausgewogene Beziehungen führen.

Fazit

Das Erkennen von Energievampiren ist der erste Schritt, um dich vor deren Auswirkungen zu schützen. Sie sind in der Lage, subtil und oft unsichtbar deine Energie zu rauben, indem sie deine Aufmerksamkeit, Empathie und Zeit in Anspruch nehmen, ohne dies in einem gesunden Gleichgewicht zu tun. In diesem Kapitel haben wir die verschiedenen Typen von Energievampiren und ihre typischen Verhaltensmuster besprochen. Indem du die oben genannten Merkmale und Verhaltensweisen beobachtest, kannst du beginnen, frühzeitig zu erkennen, wer dir guttut und wer nur darauf aus ist, dich auszunutzen. Das Bewusstsein für diese Dynamiken ist der Schlüssel dazu, dich nicht mehr von anderen emotional ausbeuten zu lassen. Sobald du diese Muster in deinem Leben erkennst, wirst du in der Lage sein, bewusster zu reagieren und dich von toxischen Beziehungen zu distanzieren. Im nächsten Schritt geht es darum, wie du dich effektiv vor diesen Energievampiren schützen kannst, damit du deine eigene Energie bewahren und deine persönlichen Grenzen wahren kannst.

Wie du dich vor Energievampiren schützt

Kapitel 14. Wie du dich vor Energievampiren schützt

Nachdem wir nun die verschiedenen Arten von Energievampiren und ihre typischen Verhaltensweisen kennengelernt haben, ist es wichtig, Strategien zu entwickeln, um sich vor ihnen zu schützen. In diesem Kapitel geht es darum, wie du deine Energie bewahrst, klare Grenzen setzt und dennoch auf gesunde Weise mit Menschen interagierst, die deine Energie zu entziehen versuchen.

Energievampire sind oft schwer zu erkennen, da sie nicht immer aus böser Absicht handeln. Vielmehr tun sie dies häufig aus einem Mangel an Bewusstsein für ihr eigenes Verhalten oder aus der Unfähigkeit, ihre emotionalen Bedürfnisse auf gesunde Weise zu befriedigen. Sie saugen Energie von anderen, weil sie selbst nicht genug haben.

Doch wie kannst du dich vor diesen subtilen „Dieben" deiner Lebensenergie schützen, ohne dabei deine Empathie und Mitmenschlichkeit zu verlieren?

In diesem Kapitel werde ich dir Methoden und Ansätze vorstellen, wie du dich vor Energievampiren wappnen kannst.

1. Erkenne die Anzeichen und akzeptiere die Realität

Der erste Schritt zum Schutz vor Energievampiren ist, ihre Existenz zu erkennen und zu akzeptieren. Wie bereits erwähnt, gibt es verschiedene Typen von Energievampiren, und jeder hat seine eigene Methode, dir Energie zu entziehen. Oft merken wir es erst, wenn wir uns nach einem Gespräch oder einer Begegnung erschöpft und ausgelaugt fühlen, ohne eine klare Erklärung dafür zu haben.

Ich erinnere mich an einen Bekannten, der ständig in negativen Geschichten versank und sich unaufhörlich über seine Sorgen beschwerte. Anfangs dachte ich, er sei einfach ein Mensch mit vielen Schwierigkeiten. Doch irgendwann wurde mir klar, dass diese Gespräche nicht nur keine Lösungen brachten, sondern meine eigene Energie raubten. Als ich das Muster erkannte, konnte ich mir eingestehen, dass diese ständige Negativität mich nicht bereicherte, sondern mich entkräftete.

Tipp: Achte darauf, wie du dich nach Gesprächen oder Begegnungen fühlst. Wirst du energetisch aufgeladen oder fühlst du dich leer und erschöpft? Diese Reflexion ist ein erster Schritt, um Energievampire zu identifizieren.

2. Setze klare Grenzen

Energievampire übertreten oft unsere Grenzen, ohne es zu merken. Sie suchen ständig unsere Aufmerksamkeit und versuchen, ihre Bedürfnisse ohne Rücksicht auf unsere zu befriedigen. Der Schlüssel zum Schutz vor solchen Menschen liegt in klaren und gesunden Grenzen. Diese Grenzen schützen nicht nur deine Energie, sondern auch deine Zeit und dein Wohlbefinden.

Ich habe diese Lektion in meinem Leben mehrmals lernen müssen. Besonders als junge Erwachsene fiel es mir schwer, „nein" zu sagen, aus Angst, jemanden zu enttäuschen.
Doch ich erkannte, dass ich mich selbst aufgab, um für andere da zu sein, ohne dass ich wirklich etwas zurückbekam.
Als ich begann, klare Grenzen zu setzen, lernte ich,

meine Energie zu schützen und mich selbst zu respek-
tieren.

Tipp: Lerne, „nein" zu sagen, ohne Schuldgefühle zu haben.Deine Zeit und Energie sind wertvoll, und es ist völlig in Ordnung, sie nur denen zu geben, die sie auch wirklich zu schätzen wissen.

3. Nutze den „energetischen Schutz"

In vielen spirituellen Traditionen gibt es die Vorstellung von energetischen Feldern, die uns umgeben und uns vor negativen Einflüssen schützen.
Diese Felder können durch Meditation, Visualisierungen oder andere Techniken gestärkt werden. Eine weitverbreitete Methode ist die Vorstellung eines Schutzschildes, das uns vor schädlichen Energien abschirmt.
Ich habe persönlich erfahren, wie hilfreich diese Technik sein kann. In schwierigen Situationen stellte ich mir vor, dass ein unsichtbarer Schutzschild um mich entsteht, das mich vor negativen Einflüssen schützt. Diese Visualisierung half mir, mich weniger von den negativen Schwingungen anderer beeinflussen zu las-

sen und die Situation mit mehr Klarheit und Ruhe zu betrachten.

Tipp: Nutze Visualisierungen oder Meditationen, um dein energetisches Schutzfeld zu stärken. Du kannst dir vorstellen, dass du von goldenem oder weißem Licht umgeben bist, das dich vor schädlichen Energien schützt.

4. Stärke dein Selbstbewusstsein und deine Selbstliebe

Eine der effektivsten Methoden, sich vor Energievampiren zu schützen, ist, sich selbst stark und selbstsicher zu fühlen. Wenn du ein hohes Selbstbewusstsein und Selbstliebe entwickelst, wirst du weniger anfällig für die Manipulationen anderer Menschen sein.

Ich habe in den vergangenen Jahren aktiv an meinem Selbstbewusstsein gearbeitet, indem ich Achtsamkeit und Meditation praktizierte und regelmäßig Selbstreflexion betrieb. Je mehr ich mich selbst schätzte, desto weniger ließ ich mich von Energievampiren manipulieren oder ausnutzen.

Tipp: Arbeite kontinuierlich an deinem Selbstbewusstsein und deiner Selbstliebe. Wenn du dich selbst respektierst und wertschätzt, wird es anderen schwerer fallen, deine Energie zu stehlen.

5. Umgebe dich mit positiven, unterstützenden Menschen

Die besten Schutzmaßnahmen gegen Energievampire sind Menschen, die dich unterstützen und mit positiver Energie versorgen. Achte darauf, Zeit mit denen zu verbringen, die dich ermutigen, deine Ziele zu verfolgen und dich in deiner authentischen Selbstwerdung stärken.

Ich habe gelernt, dass die Qualität meiner sozialen Beziehungen entscheidend für mein emotionales Wohlbefinden ist. Früher habe ich mich oft von Menschen umgeben, die mich energetisch auslaugten, aus Angst vor Einsamkeit oder dem Enttäuschen anderer. Heute weiß ich, wie wichtig es ist, mich mit Menschen zu umgeben, die mich respektieren und meine Energie stärken.

Tipp: Umgebe

dich mit Menschen, die dich unterstützen und inspirieren. Verbringe weniger Zeit mit denen, die deine Energie rauben, und pflege Beziehungen, die auf gegenseitigem Respekt und Wertschätzung beruhen.

6. Praktiziere emotionale Entgiftung

Es ist wichtig, regelmäßig von den emotionalen Belastungen anderer zu entgiften. Dies bedeutet, sich Auszeiten zu nehmen, um sich zu regenerieren und den Einfluss negativer Energien zu neutralisieren. Diese Auszeiten können durch Spaziergänge in der Natur, kreatives Arbeiten oder stille Meditation erfolgen.

Ich habe festgestellt, dass ich mich nach intensiven oder emotional belastenden Interaktionen oft zurückziehen muss, um meine Energie wieder aufzuladen. Diese Pausen geben mir die Möglichkeit, mich zu erholen und mich wieder auf mich selbst zu fokussieren.

Tipp: Nimm dir regelmäßig Zeit für dich selbst, um dich emotional zu entgiften. Entspannende Aktivitäten wie Meditation oder Spaziergänge in der Natur können dir helfen, dich wieder zu zentrieren und aufzuladen.

Schlussgedanke:

Nachdem wir nun die wichtigsten Strategien zum Schutz vor Energievampiren betrachtet haben, ist es entscheidend, diese Methoden in deinem Alltag konsequent anzuwenden. Es geht nicht nur darum, sich vor äußeren Einflüssen zu schützen, sondern auch darum, eine innere Stärke zu entwickeln, die dir hilft, dich von negativen Energiequellen abzuschirmen und deine eigenen Ressourcen zu bewahren. Du wirst feststellen, dass je klarer du deine Grenzen setzt und je mehr du dich mit positiven, unterstützenden Menschen umgibst, desto weniger anfällig wirst du für die Manipulationen und negativen Einflüsse der Energievampire um dich herum.

Denke daran, dass es nicht darum geht, die Welt in Schwarz und Weiß zu sehen oder dich von anderen Menschen vollständig abzuschotten. Vielmehr geht es darum, in einem gesunden Gleichgewicht zu leben, deine eigenen Bedürfnisse zu respektieren und gleichzeitig deine Mitmenschlichkeit und Empathie zu bewahren. Du hast das Recht, deine Energie zu schützen und dich vor denen abzugrenzen, die sie ohne Rücksicht auf dich rauben.

Im nächsten Kapitel werden wir uns intensiv mit praktischen Szenarien und Übungen befassen, die dir helfen, die Konzepte des Energieschutzes in deinem Alltag umzusetzen. Es ist eines, theoretisch zu verstehen, wie man sich vor Energievampiren schützt; es ist jedoch entscheidend, konkrete, umsetzbare Schritte zu unternehmen, die du in verschiedenen Situationen anwenden kannst.

Die folgenden Übungen und Szenarien sind darauf ausgelegt, dich aktiv in den Prozess einzubinden und dir zu zeigen, wie du in realen, herausfordernden Momenten reagieren kannst.

Ob du dich in einer schwierigen Gesprächssituation befindest, mit jemandem konfrontiert wirst, der dir Energie raubt, oder deine eigenen Grenzen besser erkennen möchtest – die kommenden Szenarien und Übungen geben dir das nötige Werkzeug, um klarer zu kommunizieren und deinen inneren Schutz zu stärken.

Bereite dich darauf vor, neue Perspektiven zu entwickeln und deine Fähigkeit zur Selbstwahrnehmung zu schärfen.

Jede Übung wird dir helfen, bewusster in deinen Entscheidungen zu werden und auf eine gesunde Weise mit den Energien, um dich herum umzugehen.

Lass uns also tiefer in die praktischen Aspekte der Selbstverteidigung gegen Energievampire eintauchen und herausfinden, wie du dich mit jeder Übung mehr zu einer unerschütterlichen Quelle positiver Energie entwickeln kannst.

Fiktive Szenarien und praktische Übungen

Kapitel 15. Fiktive Szenarien und praktische Übungen

In diesem Kapitel wollen wir einige fiktive Szenarien durchspielen, die dir helfen, Energievampire in deinem Alltag zu erkennen und zu verstehen, wie du dich effektiv davor schützen kannst. Diese Szenarien werden mit praktischen Übungen kombiniert, damit du direkt in die Umsetzung gehen und deine eigenen Schutzmechanismen trainieren kannst.

1. Der Opferrolle-Spieler:

Szenario: Du triffst dich mit deiner Freundin Lisa zu einem Kaffee. Sie beginnt sofort, ihre neusten „Katastrophen" zu erzählen. „Ich weiß einfach nicht, wie ich das alles schaffen soll! Jeder in meiner Umgebung ist so gemein zu mir, und nichts läuft richtig!". Während sie spricht, fällt dir auf, dass sie nicht wirklich nach Lösungen sucht, sondern nur Aufmerksamkeit und Sympathie will. Sie wiederholt ständig, wie schwer ihr

Leben ist, aber wenn du versuchst, Ratschläge zu geben, winkt sie ab und vertieft sich wieder in ihre negativen Geschichten.

Erkennung:

• Die Gespräche drehen sich nur um ihre Probleme und ihre Rolle als Opfer.
• Sie blockiert Lösungen und lässt sich nicht wirklich helfen.
• Du fühlst dich ausgelaugt, ohne dass sich etwas verändert.

Schutzmaßnahme:

• Setze klare Grenzen und sage freundlich, aber bestimmt, dass du keine Energie mehr in endlose Klagen investieren kannst.
• Ändere das Thema, wenn es wieder nur um ihre Probleme geht, oder verabschiede dich, wenn du merkst, dass du dich selbst auslaugen lässt.

2. Der Narzisst:

Szenario: Du hast einen Kollegen namens Marc, der

ständig seine Erfolge zur Schau stellt. Bei jeder Besprechung spricht er nur von sich selbst und seinen „großen" Leistungen. Wenn du versuchst, deine eigenen Ideen oder Vorschläge einzubringen, unterbricht er dich oder lenkt das Gespräch wieder auf sich. Am Ende der Besprechung kommt er zu dir und sagt: „Wie siehst du das? Weißt du, ich habe da echt etwas richtig Großes auf die Beine gestellt."

Erkennung:

• Er spricht ständig nur über sich selbst und erwartet Bewunderung.
• Wenn du versuchst, auf deine Bedürfnisse oder Anliegen einzugehen, ignoriert er sie.
• Du fühlst dich leer und übergangen, weil er dich nicht ernst nimmt.
   Schutzmaßnahme:
• Setze klare Grenzen, indem du deine eigenen Gedanken und Vorschläge einbringst.
• Bleibe ruhig und sachlich, auch wenn er sich in den Mittelpunkt stellt, und zeige ihm, dass du auch wertvolle Beiträge leisten kannst.

3. Der Dauer-Beschwerer:

Szenario: Dein Freund Tobias ruft dich jeden Tag an,

um sich über alles zu beschweren. Egal, ob es das Wetter, seine Arbeit oder die Menschen in seinem Leben sind – alles ist schlecht. Du versuchst, ihn zu trösten oder ihm Lösungen vorzuschlagen, aber er lehnt jedes Angebot ab und fährt fort, alles zu kritisieren. „Nichts läuft, wie es soll, und die Welt ist einfach schlecht!"

Erkennung:

• Es gibt immer etwas, über das er sich beschwert, ohne dass er etwas dagegen unternimmt.
• Jede Lösung, die du vorschlägst, wird abgelehnt.
• Du verlässt die Gespräche mit einem Gefühl der Erschöpfung.

Schutzmaßnahme:

• Höre dir seine Beschwerden an, aber lass ihn wissen, dass du nicht die ganze Zeit auf negative Themen eingehen möchtest.
• Wechsle das Thema, wenn er wieder in den Beschweremodus verfällt, oder beende das Gespräch, wenn es zu viel wird.

4. Der Kontrollfreak:

Szenario: Du hast eine Kollegin namens Julia, die immer alles im Griff haben möchte. Sie gibt dir Anweisungen, obwohl du genau weißt, was zu tun ist. „Kannst du bitte das so und so machen? Du solltest besser darauf achten, dass". Es ist ihr nie gut genug, und sie möchte ständig kontrollieren, wie du deine Arbeit machst, ohne dir wirklich die Freiheit zu lassen, deinen eigenen Weg zu gehen.

Erkennung:

• Sie kontrolliert ständig, was du tust, und gibt dir unnötige Anweisungen.
• Sie hat Schwierigkeiten, Verantwortung abzugeben oder anderen zu vertrauen.
• Du fühlst dich eingeengt und überfordert, weil du ständig das Gefühl hast, überwacht zu werden.

Schutzmaßnahme:

• Setze klare Grenzen und erkläre ihr höflich, dass du gerne deine eigenen Entscheidungen triffst.
• Bleibe selbstbewusst und lass dich nicht in ihre übermäßige Kontrolle hineinziehen.

5. Der Drainer – der energetische Vampir:

Szenario: Du triffst dich mit einem Bekannten, der dir

nach kurzer Zeit das Gefühl gibt, völlig ausgebrannt zu sein. Er redet und redet, aber du merkst, dass er nur über seine negativen Erlebnisse spricht. Nach dem Gespräch fühlst du dich leer und entkräftet, als hättest du all deine Energie an ihn verloren.

Erkennung:

• Du fühlst dich nach dem Gespräch ausgelaugt und leer.
• Er spricht ständig über seine eigenen Probleme, ohne Rücksicht auf deine Energie.
• Es gibt keine Ausgewogenheit in der Beziehung, du gibst mehr als du empfängst.

Schutzmaßnahme:

• Achte darauf, dich von solchen Gesprächen zu distanzieren und stelle sicher, dass du dich regelmäßig mit positiven Menschen umgibst.

•

Beende das Gespräch freundlich, wenn du merkst, dass es dich zu sehr anstrengt.

6. Der digitale Parasit – der Influencer:

Szenario: Ein Bekannter, der ständig auf Social Media aktiv ist, erwartet, dass du seine Posts likest, kommentierst und teilst. Er lebt davon, Aufmerksamkeit zu bekommen, und wenn du es nicht tust, wirft er dir vor, „nicht zu unterstützen". Er nutzt soziale Medien, um sich zu profilieren, ohne jemals ein echtes Gespräch mit dir zu führen.

Erkennung:

• Er fordert ständig Aufmerksamkeit auf Social Media, ohne ein echtes Interesse an deinem Leben zu zeigen.
• Wenn du ihm nicht genügend Beachtung schenkst, fühlt er sich enttäuscht oder kritisiert dich.
• Du hast das Gefühl, dass er nur dann mit dir interagiert, wenn es ihm etwas nützt.
Schutzmaßnahme:
• Setze Grenzen auf Social Media, indem du ihn nur dann unterstützt, wenn es sich für dich authentisch anfühlt.
• Erinnere dich daran, dass du nicht verpflichtet bist, in seinen digitalen Strudel einzutauchen.

7. Der Spiegel-Vampir:

Szenario: Ein Freund von dir, Max, verhält sich immer

so, als würde er dich spiegeln. Du erzählst ihm von deinem letzten Erfolg, und er antwortet: „Oh, das ist ja interessant, ich habe das auch schon erlebt!". Er übernimmt ständig deine Gedanken und Gefühle, um sich selbst interessant zu machen, ohne wirklich eine eigene Identität zu haben.

Erkennung:

• Er übernimmt ständig deine Gedanken, Gefühle oder Geschichten als seine eigenen.
• Du fühlst dich nicht gehört, sondern eher übergangen, weil er deine Erfahrungen als seine ausgibt.
• Du verlässt das Gespräch mit dem Gefühl, dass du nichts über ihn gelernt hast.
Schutzmaßnahme:
• Sei dir bewusst, dass du deine eigenen Gedanken und Erfahrungen verdienst, und setze klare Grenzen, wenn er wieder versucht, dich zu spiegeln.
• Ändere das Thema, wenn er versucht, sich wieder in deine Erfahrungen einzuklinken.

8. Der Schwächling:

Szenario: Du hast einen Bekannten, der immer in seiner „Schwäche"Rolle bleibt. Immer wieder erzählt er dir, wie hilflos er sich fühlt, aber wenn du versuchst, ihm zu helfen, lehnt er es ab. Stattdessen zieht er sich in seine Opferrolle zurück und wartet darauf, dass du ihm alles abnimmst.

Erkennung:

• Er weigert sich, Verantwortung für sein Leben zu übernehmen, und wartet darauf, dass du ihn rettest.
• Er sieht sich selbst als hilflos und erwartet, dass du die Lösung für seine Probleme findest.
• Du fühlst dich überfordert, weil er nie aktiv eine Veränderung anstrebt.

Schutzmaßnahme:

• Schaffe klare Grenzen, indem du ihm hilfst, sich selbst zu helfen, anstatt die Last seiner Probleme zu übernehmen.
• Ermutige ihn, Verantwortung für sein Leben zu übernehmen, anstatt ihm ständig zu helfen.

9. Der Unsichtbare:

Szenario: Du hast einen Freund, der immer in den Hintergrund tritt und sich kaum bemerkbar macht. Wenn du etwas über dein Leben erzählst, nickt er nur und gibt kaum eigene Beiträge. Doch wenn es um Hilfe oder Aufmerksamkeit geht, ist er immer präsent, aber seine eigenen Bedürfnisse bleiben meist im Verborgenen.

Erkennung:

• Er stellt selten seine eigenen Bedürfnisse in den Vordergrund und zieht sich oft in den Hintergrund zurück.
• Wenn du nach seinen Bedürfnissen fragst, kommt oft keine klare Antwort.
• Du fühlst dich unsicher, ob du ihm wirklich helfen kannst, weil er nie wirklich klar kommuniziert.

Schutzmaßnahme:

• Versuche, mehr von ihm zu erfahren, und frage gezielt nach seinen eigenen Bedürfnissen.
• Achte darauf, dass du nicht in die Rolle des „Retters" verfällst und seine Bedürfnisse für ihn übernimmst.

Diese Szenarien zeigen, wie verschiedene Energievampir-Typen in deinem Leben auftreten können. Wichtig ist, sich ihrer bewusst zu sein und klare Grenzen zu setzen, um deine eigene Energie zu bewahren.

Fazit

Das Fazit aus den beschriebenen Szenarien zeigt, wie unterschiedlich sich die verschiedenen Energievampir-Typen in unserem Leben manifestieren können. Sie alle teilen die Fähigkeit, unsere Energie zu entziehen, sei es durch Klagen, Überheblichkeit, ständige Forderungen oder das Ausnutzen unserer Aufmerksamkeit und Empathie.

Das gemeinsame Merkmal dieser Typen ist, dass sie es vermeiden, Verantwortung für ihre eigenen Handlungen oder Emotionen zu übernehmen und stattdessen erwarten, dass andere für sie „reparieren" oder ihre Bedürfnisse erfüllen.

Um sich davor zu schützen, ist es entscheidend, gesunde Grenzen zu setzen und nicht zuzulassen, dass diese Menschen unendlich auf unsere Energie zugreifen.

Das bedeutet, dass wir uns der Dynamiken bewusst werden, die diese Typen schaffen, und aktiv Entscheidungen treffen, wie wir uns in ihrer Gegenwart verhalten.

Dies kann durch:

- Kommunikation von Grenzen,
- Abgrenzung von ihren negativen Mustern,
- Fokus auf eigene Bedürfnisse und Ressourcen,und Vermeidung von tiefgreifender emotionaler Beteiligung in deren Drama erreicht werden.

Es ist wichtig, sich zu erinnern, dass wir nicht für die Veränderung dieser Menschen verantwortlich sind, sondern nur für unsere eigene Reaktion und Selbstfürsorge.

Indem wir uns von diesen Energievampiren distanzieren oder ihre Anforderungen klar zurückweisen, können wir unsere eigene Energie bewahren und ein gesünderes, erfüllteres Leben führen.

Fazit und Ausblick

Kapitel 16. Fazit und Ausblick

Mit diesem Kapitel haben wir die Reise abgeschlossen, die uns durch das Verständnis von Energievampiren und dem Schutz vor ihnen geführt hat.

Es ist eine Reise, die uns nicht nur zeigt, wie wir diese schädlichen Einflüsse erkennen, sondern auch, wie wir ein Leben führen können, das von positiver Energie durchzogen ist.

Deine Energie ist ein wertvolles Gut, und du hast das Recht und die Fähigkeit, sie zu schützen, zu nähren und sie für dich selbst und deine Ziele einzusetzen.

1. Die wichtigste Erkenntnis

Du hast die Kontrolle über deine Energie

Die zentrale Erkenntnis aus diesem Buch ist eine kraftvolle und befreiende Wahrheit: Du hast die Kontrolle über deine eigene Energie. Es ist deine Entscheidung, ob du zulässt, dass Energievampire an deinem Lebensfluss saugen. Du bist nicht hilflos oder dem Zufall ausgeliefert. Indem du Verantwortung für deine innere Energie übernimmst, wirst du nicht nur geschützt vor den Manipulationen und dem emotionalen Missbrauch, den diese Menschen oft üben, sondern auch in der Lage sein, ein Leben zu führen, das wirklich im Einklang mit deinen Werten und Bedürfnissen steht.

Wichtige Lektionen aus den Kapiteln

- Erkenne die Energievampire

Du hast nun ein feines Gespür für die verschiedenen Arten von Energievampiren entwickelt – vom Opferrollen-Spieler bis zum digitalen Parasit. Du weißt, wie sie deine Empathie und Aufmerksamkeit ausnutzen und kannst ihre Manipulationen frühzeitig erkennen.

- Setze gesunde Grenzen:

Du bist nicht verantwortlich für das Wohlbefinden oder die Probleme anderer. Deine Priorität bist du selbst, und du hast das Recht, „Nein" zu sagen, ohne dich schuldig zu fühlen.

• Stärke deine eigene Energiequelle:

Indem du für deine körperliche und geistige Gesundheit sorgst, wirst du widerstandsfähiger und weniger anfällig für die Angriffe von Energievampiren.

• Übe emotionale Distanz:

Du bist nicht verpflichtet, dich in die Dramen oder Manipulationen anderer zu verstricken. Mit einem klaren Kopf und einem ruhigen Herzen kannst du Abstand wahren und dich selbst schützen.

2. Deine kontinuierliche Entwicklung

Der Weg der Selbstfürsorge

Dein Weg zu einem energiegeladenen Leben ist ein fortlaufender Prozess. Der Umgang mit Energievampiren erfordert Übung und Achtsamkeit, besonders wenn sie Menschen sind, die dir nahe stehen. Doch je mehr du übst, desto sicherer wirst du im Umgang mit ihnen. Es geht nicht darum, perfekt zu sein, sondern darum, in jeder Situation ruhig und gelassen zu bleiben und immer wieder zurück zu dir selbst zu finden.

Wie du kontinuierlich an dir arbeiten kannst:

• Achte auf deine eigenen Bedürfnisse:

Nimm dir regelmäßig Zeit, um in dich zu gehen und herauszufinden, wie es dir wirklich geht. Bist du ausgeglichen?

Fühlst du dich erfüllt?

Nutze diese Momente der Reflexion, um deine Energieressourcen neu zu bewerten und sicherzustellen, dass du deine Zeit und Energie nicht an Dinge verschwendest, die dir nicht guttun.

• Setze das Gelernte im Alltag um:
Wende die erlernten Techniken an, um gesunde Grenzen zu setzen und emotionale
Distanz zu wahren.
Beginne mit kleinen, einfachen Situationen und erweitere dies schrittweise auf herausforderndere Kontexte.

• Bleibe achtsam:
Sei wachsam gegenüber den subtilen Signalen von Energievampiren. Auch wenn es nur kleine
Anzeichen sind, wie ständige Bitten um Aufmerksamkeit oder ständiges Klagen, kannst du frühzeitig handeln und dich vor der Entleerung deiner Energie schützen.

3.

Dein Schutznetz

Beziehungen, die dich stärken
Ein starkes soziales Netzwerk ist ein wichtiger Bestandteil deines Schutzes vor Energievampiren. Umge-

be dich mit Menschen, die dich respektieren, unterstützen und dir positive Energie geben. Suche Beziehungen, die auf Gegenseitigkeit beruhen und die dich nicht auslaugen. Wenn du Menschen um
dich hast, die deine Werte teilen und dich in deinen Zielen bestärken, wirst du viel weniger anfällig für die negativen Einflüsse der Vampir-Typen .

Praktische Tipps, um
dein Schutznetz zu stärken:

• Verbringe
Zeit mit positiven Menschen:

Umgebe dich mit Menschen, die dir Energie schenken, die dich inspirieren und dir den Raum geben, du selbst zu sein. Diese Beziehungen werden deine Lebensqualität erheblich steigern.

• Vermeide
toxische Beziehungen:

Auch wenn es schwer ist, besonders in familiären oder beruflichen Kontexten, solltest du dich nicht auf Menschen einlassen, die dich konstant herunterziehen. Du hast das Recht, dich von solchen Beziehungen zu distanzieren.

• Nutze die Gemeinschaft:

Suche dir Gleichgesinnte, die dich unterstützen und dir helfen, in schwierigen Momenten durchzuhalten. Gemeinsame Werte und gegenseitiger Respekt können eine starke Schutzmauer gegen Energievampire bilden.

4.
Der Weg nach vorn

Dein energiegeladenes Leben

Am Ende dieses Buches möchten wir dir eine klare Vision mit auf den Weg geben: Es geht nicht nur darum, Energievampire zu erkennen und vor ihnen zu schützen, sondern auch darum, ein Leben zu führen, das von positiver Energie durchzogen ist. Du solltest dich nicht nur vor negativen Einflüssen schützen, sondern aktiv Räume schaffen, in denen du dich selbst verwirklichen und deine Energie in die Dinge investieren kannst, die dir wirklich wichtig sind.

Dein Ziel sollte es sein:

• Selbstfürsorge:
Deine Bedürfnisse an erste Stelle zu setzen, ohne dabei dich selbst zu vernachlässigen. Achte darauf, dass du regelmäßig Zeit für dich selbst einplanst, um deine Batterien wieder aufzuladen.

• Innere Ruhe:
In jeder Situation ruhig und selbstbewusst zu bleiben, damit du dich nicht in das Drama anderer hineinziehen lässt.

• Für dich selbst einstehen:
Zu erkennen, dass du nicht allen gefallen musst und dass es vollkommen in Ordnung ist, deine eigenen Bedürfnisse klar und entschlossen zu kommunizieren.

• Schütze deine Energie:
Deine Energie ist ein wertvolles Gut. Setze sie bewusst

ein, um dich selbst zu fördern, deine Ziele zu erreichen und gesunde, unterstützende Beziehungen zu pflegen.

5. Weiterführende Schritte:

Dein persönlicher Wachstumspfad
Um weiterhin eine gesunde und starke Energiequelle zu bleiben, sind einige zusätzliche Schritte wichtig, um deine Entwicklung fortzusetzen.

• Reflexion:
Nimm dir regelmäßig Zeit, um über deine Beziehungen nachzudenken. Frage dich, welche Personen dir Energie rauben und welche dir sie schenken. Lerne, zwischen ihnen zu unterscheiden und deine Zeit mit denjenigen zu verbringen, die dich wirklich unterstützen.

• Übung:
Wiederhole regelmäßig die Übungen und Techniken, die du in diesem Buch kennengelernt hast. Dies wird dir helfen, deine Fähigkeit zu stärken, Energievampire zu erkennen und dich vor ihnen zu schützen.

- Erweiterung:

Falls du das Gefühl hast, dass du noch tiefere Muster erkennen und verändern möchtest, ziehe in Erwägung, professionelle Hilfe in Anspruch zu nehmen. Ein Coach oder Therapeut kann dir dabei helfen, noch mehr Klarheit über deine Energie und deine Beziehungen zu gewinnen.

Abschließende Gedanken

Abschließende Gedanken

Du bist nun ausgestattet mit allem, was du brauchst, um dich vor Energievampiren zu schützen und deine eigene Energie zu bewahren. Dein Leben kann voller positiver Energie erblühen, wenn du konsequent daran arbeitest, dich selbst zu schätzen und deine Energie in die Dinge zu investieren, die dir wirklich wichtig sind. Vertraue auf deine innere Stärke und darauf, dass du die Kontrolle über deine Energie hast. Du bist mehr als fähig, ein erfülltes, kraftvolles Leben zu führen.

Liebe Leserin, lieber Leser, möge dein Weg von Licht, Liebe und Selbstfürsorge begleitet sein, sodass du stets die Stärke findest, deine eigene Energie zu bewahren und in die Welt hinauszutragen. Du bist wertvoll, und es ist dein gutes Recht, in einem Raum voller positiver Energie zu leben – ich wünsche dir von Herzen, dass du diesen Raum immer wieder neu erschaffst, für dich selbst und all jene, die dich auf deinem Weg begleiten dürfen.

Herzlichst, deine Mara

Nachwort

Nachwort

Du hast jetzt das Wissen, um Energievampire zu erkennen, dich vor ihnen zu schützen und deine eigene Lebensenergie zurückzuerobern. Doch Wissen allein genügt nicht – es erfordert Mut und Konsequenz, Grenzen zu setzen und schädliche Muster zu durchbrechen.

Energievampire werden nicht verschwinden. Sie werden dir weiterhin begegnen – in der Familie, im Freundeskreis, im Berufsleben. Doch du hast nun die Werkzeuge, um dich nicht mehr von ihnen aussaugen zu lassen. Du entscheidest, wem du Zugang zu deiner Energie gewährst und wem nicht.

Erinnere dich immer daran: Dein Wohlbefinden ist kein Zufall, sondern das Ergebnis deiner Entscheidungen. Lass nicht zu, dass andere deine Kraft stehlen oder dich in toxische Dynamiken verstrickcn. Wähle stattdessen ein Leben, das dich stärkt, nährt und erfüllt.

Die Kontrolle über deine Energie liegt in deinen Händen. Nutze sie weise.

Mara von Eichen

Danksagung

Danksagung

Ein Buch wie dieses entsteht nicht im luftleeren Raum. Es ist das Ergebnis von Beobachtungen, Erfahrungen und Erkenntnissen – und von Begegnungen mit Menschen, die in unterschiedlichster Weise Einfluss darauf hatten.

Mein Dank gilt all jenen, die mir gezeigt haben, wie wichtig es ist, Grenzen zu setzen und seine Energie zu schützen. Manche haben mich gestärkt, andere haben mich gelehrt, wie es sich anfühlt, ausgelaugt zu werden – und genau daraus ist dieses Buch entstanden.

Ein besonderer Dank gilt denjenigen, die mich auf meinem Weg unterstützt haben: Freunden, die ehrlich sind, statt auszunutzen. Menschen, die Licht bringen, statt Schatten zu hinterlassen. Und all jenen, die verstanden haben, dass wahre Stärke nicht darin liegt, von anderen zu nehmen, sondern sie zu ermutigen, ihr eigenes Licht zu bewahren.

Dieses Buch ist für alle, die sich ihre Energie zurückholen und endlich frei atmen wollen. Möge es euch helfen, eure Kraft zu bewahren und euer Leben mit den richtigen Menschen zu teilen.

Mara von Eichen

*Erstellung und Gestaltung wurden
mithilfe von WriteControl vorgenommen*